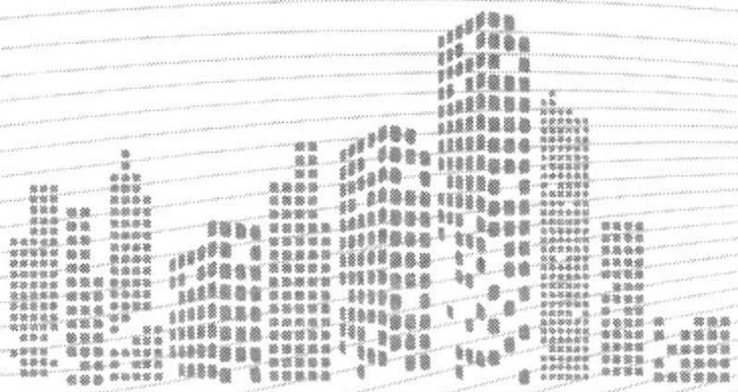

不动产估价理论与技术新探索

孟德友◎著

New Exploration on Theory and Technology of Real Estate Appraisal

中国经济出版社
CHINA ECONOMIC PUBLISHING HOUSE
北 京

图书在版编目（CIP）数据

不动产估价理论与技术新探索 / 孟德友著. -- 北京：中国经济出版社，2023.5

ISBN 978 - 7 - 5136 - 7298 - 6

Ⅰ. ①不… Ⅱ. ①孟… Ⅲ. ①不动产 - 资产评估 Ⅳ. ① F293.3

中国国家版本馆 CIP 数据核字（2023）第 074296 号

责任编辑 罗 茜 叶亲忠
责任印制 马小宾
封面设计 久品轩

出版发行 中国经济出版社
印 刷 者 河北宝昌佳彩印刷有限公司
经 销 者 各地新华书店
开 本 710mm × 1000mm 1/16
印 张 14.75
字 数 211 千字
版 次 2023 年 5 月第 1 版
印 次 2023 年 5 月第 1 次
定 价 88.00 元
广告经营许可证 京西工商广字第 8179 号

中国经济出版社 **网址** www. economyph. com **社址** 北京市东城区安定门外大街 58 号 **邮编** 100011
本版图书如存在印装质量问题，请与本社销售中心联系调换（联系电话：010-57512564）

序

我清晰地记得十年前那个炎热的上午，一个三十岁左右刚刚博士毕业的年轻人带着简历来到我的办公室，欲求在土地和房地产估价行业力所能及地做一些事情。当时我就眼前一亮，直觉告诉我，这个年轻人在不久的将来必将成为河南省土地和房地产估价领域的技术精英。当天我们聊得很投机，我送给他一些与估价相关的专业书籍，给他设计了一条从实地查勘、市场调查等一线工作开始，到业务实践、理论与技术研究相结合层层深入的发展路线，继而稳步提高，成为河南省的业内专家，乃至全国的行业专家。十年过去了，事实证明我当时的判断是正确的。十年来，孟德友博士在土地和房地产估价领域的理论与实践功底已相当扎实，在估价行业的知名度也与日俱增。十年来，我见证了一个青年估价师的成长，我个人认为，孟德友博士作为一位估价师的最大优势在于他一直保持着旺盛的探索精神和创新精神，这是从事任何行业都需要的良好品质。

孟德友博士是踩着河南省估价行业的快速发展节奏而成长起来的青年估价师。自 21 世纪之初，估价机构脱钩改制以来，河南省土地和房地产估价行业得到了快速的发展，土地和房地产估价机构数量显著增加，评估专业人员队伍日益壮大，评估专业人员的专业素质明显提高，自律管理日益规范，估价技术和估价质量也获得了显著的提升。随着全国经济由高速发展向中高速和高质量发展转型，新一代信息技术的发展，大数据、云计算、物联网和现代信息系统向估价领域的深度渗透，自动估价系统等大数据平台的不断推广，传统的估价操作模式正被逐步革新，尤其是现代信息技术对传统估价技术手段的替代使得房地产估价行业面临越来越严峻的挑战，抵押评估、出让评估和司法鉴定评估等传统估价业务持续萎缩，新业务开拓举步维艰，且技术短板比较明显。

面对估价的新需求、新技术和新业务等方面的变化，孟德友博士的有关于不动产估价理论与技术的学术专著顺势出版了，这是河南省土地和房地产估价行业的一件大事、一件喜事。全书采用定性与定量相结合、宏观与微观相结合、理论与实践相结合、方法与技术相结合的思路，详细探讨了系列理论观点和技术要点，积聚了他本人十多年来对土地和房地产估价行业的理论思考和实践经验总结。新需求方面探讨了土地和房地产抵押净值的评估思路和实践、县域标定地价体系建设的理论与实践关键要点等问题；新技术方面探讨了大数据技术、地理信息系统技术等在土地和房地产估价领域的深化和拓展应用；新业务方面探讨了土地和房地产估价领域未来可能的业务爆发点，诸如，自然资源分等定级估价、全民所有土地资产价值核算、公示地价体系建设与更新、园林草地分等定级估价、国家建设征收土地地上青苗和附属物补偿标准编制、租金评估、REITs兴起与估价咨询、新供应模式下的土地和房地产价值评估、大数据支撑下的房地产估价与咨询、新特奇房地产估价等领域。

本书篇章结构合理、内容丰富、观点鲜明、数据翔实、信息量大，虽然书中论及的有关问题还可以再进一步讨论和研究，但总体来看，全书论证充分、结论合理，对指导评估专业人员开展估价实践和学习具有重要参考价值。

细品此书，耳目一新，欣然作序。同时也希望孟德友博士继续努力，在不动产估价领域里的研究取得更大的进步。

河南省土地估价师协会会长　李俊岭

2022年12月

前 言

不动产估价对我国社会主义市场经济发展具有重要的基础性作用。经济和社会生活中需要不动产估价的领域非常多，出让转让、征收改造、抵押贷款、企业重组等都离不开不动产估价。自20世纪90年代以来，随着我国城镇土地使用制度改革和城市住房制度改革的开展，我国不动产估价行业获得了快速发展，《中华人民共和国城市房地产管理法》《中华人民共和国资产评估法》等相继确立了房地产估价和土地估价行业的法律地位。30多年来，不动产估价行业建立了规范的土地估价师和房地产估价师执业资格全国统一考试制度，形成了一套相对完整的不动产估价理论方法体系和技术标准体系，《城镇土地分等定级规程》《城镇土地估价规程》《房地产估价规范》等国家标准为不动产估价工作提供了技术标准和指南；建立了一套相对完善的估价行业规范管理体系；拓展了不动产估价服务的业务领域；建成了一支能够满足市场需求的估价师队伍以及从事不动产估价教学、研究的教师队伍和专家队伍，形成了较完整的教育体系。在业务实践与理论技术综合研究中，不动产估价的理论技术水平不断提高，最大限度地满足了社会主义市场经济对估价技术服务的需求。

中国经济进入高质量发展的新阶段，市场对不动产估价服务产生了诸多新的需求，对不动产估价理论与技术提出了新的研究命题，诸如，营改增与不动产估价理论与技术的改进，土地和房地产抵押净值评估、城镇标定地价体系建设、集体建设用地和集体农用地基准地价体系建设等。随着现代信息技术的快速发展，一些新技术手段也逐渐应用于不动产估价领域，诸如大数据、物联网、云计算、GIS技术、无人机航空摄影测量等技术，对评估专业人员的理论知识和业务技能提出了不少新的要求。随着新冠疫情的持续，房地产市场的走低对土地和房地产估价行业带来严重的影响，传统业务急剧萎缩，新业务范围狭窄、评估专业人员的新技术能力不足等都给不动产估价行业带来新的挑战。针对行业发展中的新需求、新技术、新业务和新形势，有必要对不动产估价理论与技术开展创新研究，探索估价行业高质量发展的路径。在此背景下，笔者结合十多年来的从业经验和在不动产估价理论与技术方面的相关研究成果，著成了这本《不动产估价理论与技术新探索》。

本书共四篇十一章。其中，第一篇土地估价相关理论探索，重点对土地估价原则的内涵进行了深入阐述，讨论土地估价原则对各估价方法的适用性和对估价目的的适用性；针对银行对抵押评估的新要求，探讨了土地和房地产抵押净值评估的思路和测算过程；针对城镇标定地价体系建设项目，讨论了县域标定地价体系建设的重点问题。第二篇房地产估价相关理论探索，重点讨论了房地产实地查勘的技术要领、查勘的方法和房地产价格影响因素的分析与评定标准；讨论了比较法中主要比较因素的选择和比较因素量化的思路，重点探讨了楼层作为重要的区位因素对房地产价格的影响机理及楼层指数的编制。第三篇重点关注了大数据技术在估价中的应用领域、估价信息数据库的构建和估价大数据整合与共享的必要性和路径；地理信息系统技术在不动产估价中的应用领域及应用案例。第四篇重点探索了新形势下土地和房地产估价行业高质量发展的路径以及土地和房地产估价未来可能的新业务。

本书的主要内容是笔者十多年来从事不动产估价理论与技术研究、相关业务实践的思考和总结。自 2013 年以来，笔者在完成相关教学工作的同时，长期从事不动产估价相关业务实践，深入土地估价和房地产估价工作第一线，在实地查勘、估价报告编写、研究论文撰写和项目研究过程中不断地分析总结，凝聚于此。本书写作过程中，河南财经政法大学城乡协调发展河南省协同创新中心陈层层老师参与了资料收集的相关工作，河南省土地估价师协会李俊岭会长给予了精心指导，河南省豫通房地产评估咨询有限公司估价师周志海、田晓亚、张雷和郑州东兴房地产评估有限公司估价师李松艳、李漫漫提供了大量数据资料和技术支持，河南省淮源土地估价测绘有限公司估价师冉丽朋、吴明丽提供了部分宝贵资料，在此表示感谢。本书得到了国家自然科学基金面上项目（项目编号 41871159）的资助，一并表示感谢。本书引用了不少已有研究成果，如有引用不当和遗漏之处，敬请相关人士见谅。

本书可作为不动产估价专业人员开展估价业务、继续教育、培训学习的参考书，也可作为高校土地资源管理、房地产开发与管理、资产评估、城乡规划等专业本科生和研究生的不动产估价课程的拓展参考用书。

因笔者专业技术水平和时间所限，书中难免存在不足之处，在此，恳请读者批评指正。

孟德友

2022 年 12 月于郑州

目 录

第二篇 房地产估价相关理论探索

第四篇 不动产估价行业高质量发展路径探索

1 绪　论

1.1　不动产和不动产估价概述

1.1.1　不动产的概念及分类

1.1.1.1　不动产的概念

关于不动产（real estate），各国的法律对其界定各有不同。《法国民法典》第516条规定："一切财产，或为动产，或为不动产。"对动产和不动产而言，通常以财产能否自由移动为依据进行划分。《意大利民法典》第812条规定："土地、泉水、河流、树木、房屋和其他建筑物，即使是临时依附于土地的建筑物以及在一般情况下那些或是自然或是人为的与土地结为一体的物品是不动产；固定在河岸或者河床之上并且为永久使用而建造的磨坊、浴场以及漂浮在水面上的建筑物视为不动产。"《日本民法典》第86条规定："不动产是指土地及其定着物。"土地的定着物是指定着于土地，在不容易分离的状态下使用，如房屋、桥梁、石墙、水井等均属不动产。种植的树木也是土地的定着物，但暂时种植者则非土地的定着物，而是动产。通常认为与土地分离而使土地发生变更，或因分离而需要花费相当的劳力费用的，被称为定着物，但附着于土地的农作物不属于不动产。美国法律规定，不动产是指所有土地和所有土地上的自然附属物（树木、矿产），以及附着于土地上的全部人为的物体（建筑物、地上改良物等），不动产所有权从地球中心直到无限天际。中华人民共和国《不动产登记暂行条例》

第2条规定："本条例所称不动产，是指土地、海域以及房屋、林木等定着物。"《中华人民共和国城市房地产管理法》(根据2019年8月26日第十三届全国人民代表大会常务委员会第十二次会议《关于修改〈中华人民共和国土地管理法〉、〈中华人民共和国城市房地产管理法〉的决定》第三次修正)第2条规定："本法所称房屋，是指土地上的房屋等建筑物及构筑物。"不动产在中国法律上主要包括土地、附属于土地的建筑物和其他定着物。

国内学界对不动产概念的界定也有多种表述。黄贤金等（1998）、艾建国和吴群（2008）都将不动产定义为不能移动位置或移动位置后会引起性质、性状改变而造成经济损失的财产，诸如，土地及房屋、森林、道路等土地附着物。周小萍等（2008）将不动产界定为土地、建筑物及其他土地定着物，以及衍生的全部权利、利益和收益的总和，不动产是涉及实物、权益、区位三者的综合体。王喜和陈常优（2015）认为广义上不动产是指土地及其地上的一切定着物，包括土地、地上地下的建筑物和构筑物、河流、森林、草原、矿山等；狭义上不动产主要是指土地及其地上的建筑物和构筑物，具体指土地和房屋及其附属设施。叶剑平和曲卫东（2016）也认为不动产是指不能移动位置或移动后会引起性质、形状改变而造成经济损失的财产，如土地及房屋、森林、道路等土地附着物。朱道林（2017）认为不动产指不能移动的财产，具体含义的界定可从不动产的实体、权属和有关法律界定等方面给予体现。结合以上学者的观点，可从以下几个方面对不动产的概念给予理解：①不动产具有不可移动性，移动会造成经济损失。②不动产是实物、权益和区位三者的集合体。从实体的角度看，不动产是指土地及其地上的定着物；从权属的角度看，不动产权属是指不动产本身及其所包括的各种权利的总和；从区位的角度看，不动产的位置是固定的，由于它的有关权利是可以流动的，因此它能够进入流通领域得以实现其经济价值。

1.1.1.2　不动产的分类

分类标准不同则划分的不动产类型也不同，按用途、开发程度、收益状况和法律界定等不同的分类标准，不动产可划分为相应的类型。

（1）按用途划分，不动产可分为居住不动产和非居住不动产。其中，居住不动产分为住宅和集体宿舍两大类；非居住不动产包括商业不动产、服务不动产、文化娱乐及休闲不动产、办公不动产、医疗不动产、工业和仓储不动产、农业不动产、特殊用途不动产以及综合不动产等。

（2）按开发程度，不动产可分为生地、毛地、熟地、在建工程和现房等类型。其中，生地是已完成土地使用审批手续，而未进行或部分进行基础设施配套开发和土地平整，需经开发后才能直接用于城市建设的土地。毛地是已完成土地使用审批手续，但须先动迁安置原住户，拆除旧有建筑物后方可使用的土地。熟地是具有较完善的基础设施且土地平整，能直接在其上进行房屋建设的土地。在建工程是指建筑物尚未建成，不具备使用条件的不动产。现房是指可以直接使用的不动产。

（3）按收益状况，不动产可分为收益性不动产和非收益性不动产。收益性不动产是指直接产生租赁或其他经济收益的不动产，诸如，商场、旅馆、餐馆、写字楼和游乐场等。非收益性不动产是指不能直接产生经济收益的不动产，诸如，行政办公楼、寺庙、教堂、博物馆等。

（4）按法律法规规定，不动产主要包括土地、附属于土地上的建筑物和其他定着物，土地不仅限于地面还包括地下及上空，建筑包括地上和地下的各种建筑设施，其他定着物指林木及建筑物的固定附属设备等，其中，土地和建筑物是不动产的主要形式。

1.1.1.3 作为不动产的土地

在不动产估价中，土地是三维立体空间，是地球的陆地表面及其上下一定范围内的空间。陆地表面的范围是指该宗土地在地球表面的边界所围合的面积；地上空间是指从该宗土地的地球表面边界向上扩展到无限天空的空间；地下空间是指从该宗土地的地球表面的边界呈锥形向下延伸到地心的空间；即是说，土地属谁所有，地上的上空及地下也属谁所有。但土地使用者并不能在土地的空间范围内随心所欲地开发和利用，这是因为对土地的开发利用除受到自然环境条件、建筑技术、建筑材料、经济实力等因素的制约外，还受到土地权利的设立和行使的限制、不动产相邻关系的限制和土地使用管制等外在因素的限制。宗地是由权属界线组成的封闭地块，作为不动产的宗地的基本特征和主要属性包括位置、面积、四至、形状、地形、地势、周边环境、利用状况、产权状况、地质条件、基础设施、平整程度以及临街状况等属性特征。

1.1.1.4 作为不动产的建筑物

作为不动产的建筑物是指由人工建造的供人们生产、生活和其他活动所使用的场所，是建筑材料、建筑构配件及有关设备组成的整体物，包括房屋和构筑物两大类，房屋是建筑物的主要组成部分。房屋是指具有顶盖、梁柱、墙壁，可供人居住或用于其他用途而附着于土地上的空间场所，包括住宅、生产用房、营业用房、办公用房、其他专业用房，以及教育、体育和文化娱乐设施、军事设施等。构筑物是指房屋以外的建筑物，一般不直接在其内生产和生活的建筑物。不动产估价中，房屋的基本属性包括位置、面积、楼层朝向、建筑高度、建筑结构、设施设备、装饰装修、平面布局、建成年月、维修养护情况、新旧程度、利用状况、建筑外观、公共服务设施、产权状况以及通风采光等其他属性特征。

1.1.2 不动产价格及不动产估价

1.1.2.1 不动产价格

不动产作为财产，在市场交易中同其他商品一样也需要以货币的形式表现其价值，即不动产价格。黄贤金等（1998）认为不动产价格是市场供求关系中的不动产产权价格，不动产产权是人们对他们的不动产财产用途的法律规定。周小萍等（2008）认为不动产价格是和平地获得他人的不动产所必须付出的代价，包括货币、商品或其他有价物，不动产的价格也是由商品的有用性、供给的稀缺性和有效需求综合形成的。王喜和陈常优

（2015）认为不动产价格是指在某个时点上为取得他人不动产而获得相应权益所支付的代价，这种代价可以是货币也可以是商品或其他有价物等实物。叶剑平和曲卫东（2016）认为不动产价格是市场供求关系中的不动产产权价格。朱道林（2017）认为不动产价格一般是指由于人们对不动产效用的认识、不动产的相对稀少性及不动产的有效需求的存在等三者相互结合，所产生的不动产的经济价值（交换价值）的货币表现形式。

1.1.2.2 不动产估价及本质

不动产估价在日本和韩国通常被称为不动产鉴定评价或不动产鉴定，在美国被称为房地产评估或房地产估价，在欧洲大多被称为房地产估值或物业估值，在中国台湾一般被称为不动产估价，在中国香港特别行政区通常被称为物业估值或物业估价，在中国内地一般被称为不动产估价或不动产评估。不动产估价也可称不动产评估，在行业内一般不作过多区分，两个术语彼此经常混用，但严谨地说，不动产估价更贴近于不动产价格测算与判断的基本要义，而不动产评估则相对宽泛，不仅可以指价值价格评估，还可能指风险、质量、效果或影响等方面的评估。针对价值价格分析、测算与判断活动，严格来说，不动产评估称为不动产价格评估更合适。本书主要采用不动产估价这一术语表达。

关于不动产估价的定义，不同的学者有不同的阐述。英国皇家特许测量师协会的米灵顿（A. F. Millington）认为，不动产估价是为特定目的评估不动产之特定权益于特定时间之价值的艺术或科学。我国台湾学者林英彦（2000）认为不动产估价系依据影响不动产价值之各种资料，判定对象不动产之经济价值，并以货币额表示之。柴强（2022）认为房地产估价是指房地产估价机构接受他人委托，选派房地产估价师对房地产价值或价格进行分析、测算和判断，并提供相关专业意见的活动。周小萍等（2008）认为不动产估价就是为特定的目的，对特定的不动产（或不动产权益）在特定的时点的客观合理价格或价值的测算和判定。虞晓芬（2010）认为不动产估价是为特定目的而评估不动产的特定权益于特定时间的价值的专门业务。艾建国和吴群（2008）认为不动产估价是不动产估价人员依据不动产估价的原则、理论和方法，在充分掌握不动产市场交易资料的基础上，根据不动产的自然经济属性，按不动产的质量、等级及其在现实经济活动中的一般收益状况，充分考虑社会经济发展、不动产利用方式、利用政策以及利用效益等因素的影响，综合评定出某不动产在某一权利状态下的某一时点的价格。叶剑平和曲卫东（2016）认为不动产估价是指对房产、土地、森林、构筑物等不动产进行价值评估。朱道林（2017）等也对不动产估价的概念给予了界定，认为不动产估价主要是不动产拥有者、未来的买者、管理机构、信贷机构、征税机构和其他的个人或机构等，出于不同的目的和需要，而进行的不动产经济价值的测算。在借鉴和吸收以上学者观点的基础上，本书认为不动产估价是评估专业人员根据估价目的，遵循不动产估价的法律法规、估价准则、基本原则和估价程序，在充分了解和掌握估价对象基本状况、不动产市场资料和深入分析价格影响因素的基础上，选择合理的估价方法，对一定权利状态的不动产于特定时点在公开市场或特定市场条件下的经济价值所作出的客观合理的测算、分析和判断并出具相关专业意见的专业服务活动。

不动产估价作为一种专业的经济行为，具有以下几个方面的特点：①不动产估价的主体必须是估价师或评估专业人员，估价师包括土地估价师和房地产估价师，具备相应的专业技能、职业道德和伦理素养；②不动产估价都是为特定目的而对估价对象的价值价格进行评估，一项不动产估价活动有且仅有一个目的；③不动产估价必须遵循估价的基本原则、基本原理和方法；④不动产估价必须遵照一定的程序并选用合适的估价方法进行，估价方法主要包括收益还原法、市场比较法、剩余法、成本逼近法、基准地价系数修正法、路线价估价法以及其他估价方法等；⑤不动产估价必须拥有充足的第一手资料，充分掌握估价对象的各种实物状况和权利状况；⑥所评估的不动产价格是估价对象某种权利状况下的某一价值时点的价格，价值时点不同则价格不同。

①从本质上讲，不动产估价估的是不动产的价值而不是价格。从经济

学理论讲，价值为物的真实所值，是价格波动的中心，是相对稳定的；价格是价值的外在表现，现实中定价决策受多方面原因的影响而导致价格时有高低。②不动产估价遵循的基本准则是不动产的市场价值。市场经济条件下不动产资源配置是遵循市场规律的，市场价值是不动产的公允内在价值；不动产估价主要是满足不动产市场交易的需要，为不动产交易提供专业化的咨询服务，而不动产交易的一般情况是符合市场价值的假设条件。③不动产估价是模拟市场定价而不是替代市场定价，是评估专业人员在深入了解不动产市场行情的基础上，通过科学的分析、测算和判断活动，把客观存在的不动产价值揭示出来；不动产估价是提供关于估价对象的客观合理价值的专业意见，供当事人决策参考，所以不动产估价不同于定价（朱道林，2017）。

1.1.2.3 不动产估价相关术语的界定

在不动产估价中，往往需要对不同实物的不动产进行单独估价或整体价值评估，根据不动产的类型，不动产估价可分为土地估价、建筑物（房屋和构筑物）估价和其他地上定着物估价等。本书后续会涉及“不动产估价”“土地估价”和“房地产估价”三个关键术语，为明确其逻辑关系和内涵，对其界定如下：

（1）不动产估价，是指对土地、建筑物及其他地上定着物估价的总称，既包括土地、建筑物（房屋和构筑物）及其他地上定着物等不动产实体价格的单独评估，也包含土地和建筑物或其他定着物整体价格的评估。

（2）土地估价，指对不动产中的土地部分的估价，无论是否存在固定于该土地范围内的建筑物或其他地上定着物，在土地估价时如无特殊约定，都不包含该土地范围内的建筑物或其他地上定着物的价格。

（3）房地产估价，指对不动产中的房屋及其所分摊的土地的价值的评估，在房地产估价时如无特殊约定，一般不包含估价对象房屋及分摊土地以外的该宗地范围内的其他构筑物或其他地上定着物的价格。另外，对不包含土地价格的地上建筑物价值的单独估价，本书涉及较少。

1.2 不动产估价理论与技术研究进展

1.2.1 土地估价理论方法研究进展

我国的土地估价行业是随着城市住房制度改革和土地使用制度改革的开展于20世纪80年代逐渐兴起的。现行的土地估价理论与方法体系是在借鉴国外较为成熟的理论与方法的基础上建立起来的。随着中国土地使用制度改革的不断深化，住房商品化改革的稳步推进，有关土地价格理论及土地估价方法、技术与实践等方面的研究也在不断深入。

1.2.1.1 地价影响因素研究

土地价格的高低是由众多影响因素对土地价格综合作用的结果。周刚华（2004）从宏观和微观两个角度分析了土地价格的影响因素，宏观因素包括土地使用规制限制、城市规划、城市增长控制、税收；微观因素包括宗地因素、邻里因素和区域因素。胡存智（2006）按照因素与地价的关系及影响范围把影响土地价格的因素分为一般因素、区域因素和个别因素。一般因素是影响地价的最一般、最普遍和共同的因素（如行政因素、人口因素、社会因素、国际因素、经济因素等）；区域因素是土地所在地区的自然条件与社会、经济条件（如商业繁华程度、交通条件、基础设施和公用设施等）；个别因素是宗地本身的条件和特征（如宗地面积、宽度、长度、形状、开发程度等）。周小萍等（2008）把影响不动产价格的因素分为内部因素和外部因素。内部因素分为来自土地的内部因素和来自建筑物的内部因素，相当于宗地或建筑物的个别因素；外部因素相当于一般因素和区域因素。虞晓芬（2010）把不动产价格影响因素分为自然因素、经济因素、社会因素、制度因素四个方面。严思齐等（2011）认为城市土地价格影响因素可分为两类：一类是影响城市土地价格总体水平的因素，包括城市人口或家庭数、家庭结构、人口素质、阶层、教育背景、家庭收入水平、就业率、贫困率、城市总体环境状况等；另一类是宗地价格的影响因素，包括地块的面积、容积率、城市中心可达性等。王喜和陈常优（2015）认为影响不动产价格的因素可分宏观和微观两方面，宏观上主要有国际因素、社会因素、经济因素、环境因素、行政因素、人口因素等，微观上主要有不动产自身的条件和交易者的心理及其他不可预见因素等。叶剑平和曲卫东（2016）将影响不动产价格的因素分为供求因素、自身因素、环境因素、人口因素、经济因素、社会因素、行政因素、心理因素、国际因素及其他因素等。钟帅（2011）利用全国35个大中城市的数据建立面板模型，实证了城市人口规模与城市土地价格具有显著的正相关关系，同时还考虑了居民平均收入、储蓄水平及房地产开发对城市土地价格变化的影响。陈怀录等（2012）研究了容积率和建筑密度对城市土地价格的影响。张芬和张裕凤（2012）以内蒙古部分中心城市的基准地价和经济发展指标数据为依据论证了城市地价水平与该地区经济发展水平存在显著相关性的结论。还有学者根据住宅用地、工业用地（陈燕等，2010）、商业用地（姜增伟，2009）的不同用途分析影响其价格的因素。《城镇土地估价规程》（GB/T 18508-2014）把城镇土地价格的影响因素分为一般因素、区域因素和个别因素，为土地估价业务实践提供了分析标准和规范。

1.2.1.2 土地估价方法研究

根据国家标准《城镇土地估价规程》，城镇土地估价的基本方法包括收益还原法、市场比较法、成本逼近法、剩余法，以及公示地价系数修正法（基准地价系数修正法、路线价估价法）等多种方法。由于不同的估价方法适用范围不同，在宗地估价时，必须根据估价目的、估价对象的用途及能够获取的资料等具体情况选择适宜的估价方法（高帮胜等，2008；王学璘等，2011；廖凤，2013）。

（1）收益还原法

收益还原法是将待估宗地未来正常年纯收益（地租），以一定的土地还原率还原，以此估算待估宗地价格的方法。王筑（2010）从土地纯收益和土地还原率的确定方面说明了收益还原法的实际操作问题，并从宏观角度讨论了如何解决这些问题。高邦怀等（2008）、李卉欣（2009）则更细致地从总收益的确定、总费用的测算、资本化率的确定及土地收益年限的选取方面说明了这些指标如何在不同程度上影响评估的科学性和结果的准确性。蔡剑红和朱道林（2014）通过分析收益还原法的不确定性，采用误差传播律定量研究了收益还原法各参数的取值误差对地价估价结果产生的影响。收益还原法估价中还存在计算纯收益时对各种费用的求取存在较大的困难和不确定性、资本化率对土地价格的敏感度很高、资本化率的确定还不甚客观等问题。针对这些问题，学者们对收益还原法的相关理论及其存在的缺陷与改进方法、收益还原法的实践应用以及收益还原法中纯收益的确定、收益与利率的界定等进行了研究（李树林，1999；李玲，1995；丁金礼，2012；郭斌、姬海君，1999；陈圻，2000）。高珊珊（2014）通过对案例的深入分析指出，土地还原率的确定在收益还原法、基准地价系数修正法等多个估价方法中起着重要的作用，但在参数的确定方面理论依据还不够充分。

（2）市场比较法

市场比较法是根据替代原理，将待估宗地与具有替代性的，且在估价日期近期市场上交易的类似宗地进行比较，并对类似宗地的成交价格进行差异修正，以此估算待估宗地价格的方法。针对市场比较法在操作中存在的可比实例选择的主观性和随意性，区域与个别因素修正与量化存在的主观性以及估价结果确定的不合理性等问题，学者们对市场比较法进行了一系列的改进。①针对可比实例选择，张协奎等（2001）采用模糊数学研究了待估不动产的主要特征因素及隶属函数值；周春喜（2004）利用模糊数学中的贴近度概念和择近原则解决了不动产评估中交易实例选择的不确定性问题；刘洪玉和李研（2017）利用模糊数学探讨了不动产分组的方式，快速对同区域同类型不动产的相似度进行测算；刘红雷（2020）运用灰色关联分析法和聚类分析法分析了市场比较法可比实例与估价对象的相似或相近程度。陈了（2021）基于模糊聚类分析法筛选市场比较法的可比实例，探讨了实务工作中的具体改进方式及实施过程。②区域与个别因素的修正方面，由于缺乏统一的判断标准，造成因素修正存在很大的主观性。康鹏（2016）应用模糊数学对可比实例选取过程进行改进，应用层次分析法确定区域和个别因素的权重，应用德尔菲法确定区域与个别因素评分规则对市场比较法进行了改进。陈露露（2011）采用灰色关联法和层次分析法确定因素权重、运用指数平滑法确定交易日期修正系数、应用加权打分法确定可比实例权重对市场比较法进行了改进。李扣芹等（2008）从比较实例选择、比较因素和因素条件的比较、因素修正、修正后的地价结果计算等方面概括了土地估价的要求，同时对市场比较法在实践应用中易产生的问题进行了分析。③市场比较法中估价结果主要通过求平均数、加权平均数、众数或者中位数的方法确定，这些方法确定最终估价结果都过于简单，缺乏说服力。曹峰和鲁丰先（2009）提出采用加权打分法确定各指标的权重。

（3）成本逼近法

成本逼近法是以取得和开发土地所耗费的各项客观费用之和为主要依据，加上客观的利润、利息、应缴纳的税金和土地增值收益等确定土地价格的方法。成本逼近法估价中就土地开发费是否应计入土地价格、成本法中地价的构成乃至成本法是否适用于土地估价等问题一直存有不同的声音。石英华（1998）认为土地本身的价格和土地的开发费用应分开计算，以便准确测算各类资产的价值，原因在于土地本身的价格和由土地开发费形成的资产价值有本质的不同，从土地开发费用对土地价格的影响程度和影响方式来看，将开发费用计入土地价格也不合适，两者价格的测算方式和收益率也不同，两者的有效使用年限和补偿方式、补偿期限也不同。王蔚（1996）认为，首先土地的供给和需求决定土地价格，其次是制度因素、环境因素和供应垄断因素等影响土地价格，因此土地的价格和土地的生产成本是脱节的，不能通过土地的生产成本来评估土地的价格。杨瑞星（2016）进一步明确了成本逼近法的适用范围和操作步骤，并以工业用地抵押价格评估实例对成本逼近法评估进行了案例研究。朱晓刚（2013）认为新开发土地由于交易案例缺乏、收益不确定等原因，更适于采用成本逼近法进行估价，他还对完善新开发土地成本逼近法估价提出了几点构想。尔敦和周瑞平（2015）针对成本逼近法中土地增值收益率取值存在的问题，提出了成本逼近法的改进建议，分区域建立网络增值率来调整重置成本可以减小成本逼近法估价的市场偏差。

（4）剩余法

剩余法是指在测算完成开发后的不动产正常交易价格的基础上，扣除预计的正常开发成本及有关专业费用、利息、利润和税费等，以价格余额来估算待估宗地价格的方法。剩余法主要适用于待开发土地（包括生地、毛地和熟地），待拆迁改造土地的评估以及未开发完成的房地产（在建工程）的评估。孙月明（2016）认为确定待估宗地的最有效利用方式是剩余法土地估价结果准确性的关键因素，土地开发利用方式包括土地用途、容积率、建筑密度、建筑规模、建筑高度和建筑形式等，其中最重要的是土地用途。确定土地用途，要考虑土地所在位置的可接受性、土地用途的现实需要程度和未来发展趋势，分析当地不动产市场的接受能力以及不动产市场在项目开工至建成的时段最需要什么类型的不动产。朱海银（2010）对剩余法估价的程序及应用中的常见问题从客观和主观两个方面进行了归纳分析。郝丽丽（2013）通过实例解析剩余法的评估步骤，总结了土地估价应注意的问题。针对剩余法中土地增值税的测算问题，唐莹（2017）认为剩余法运用过程中应对土地增值税进行科学的扣减，并从土地使用权持有者和拟投资者两个视角进行了土地增值税的试算。

（5）其他估价方法

围绕基本估价方法，派生出了级差收益测算法、投资法、利润法、租金剥离法、历史地价推算法、房屋契价测算法、联营联建推算法、长期趋势法和比例系数法等（张协奎等，1999）。另有，彭育新和吴甫成（1998）根据享乐价格理论提出通过构建享乐价格函数确定城市土地价格的方法，讨论了享乐估价法的应用可能性和享乐估价法应用的假设前提。吴次芳等（1995）在借鉴西方区位研究成果的基础上，首次对城市商业用地区位条件进行定量研究，并将该成果应用于城市地价评估，提出区位系数评估方法。

1.2.1.3 不同权益土地价格评估

根据土地权益状况的不同，土地价格可分为土地所有权价格、土地使用权价格和其他权益价格（租赁价格、抵押价格）等。其中，国有建设用地使用权出让价格评估、抵押价格评估和划拨价格评估是常见的地价评估类型。

（1）土地使用权抵押价格评估

王洪昌（2008）强调只要充分明确市场价格类型的内涵和功能，就可以提供符合各方利益的评估报告。孙以洲和张文峰（2008）认为无论从服务评估目的的角度来看，还是从方法论的角度来看，市场价值都是更适宜当前商业银行进行实时价值监控的价值类型，但商业银行也应当在市场价值属性的基础上对抵押评估的相关方面进行深层次研究以防控抵押贷款风险。陈细辉和陈少华（2008）引述各部门规程、文件、书面资料及国际评估准则中对价格类型及抵押物评估价格类型的选择表述，提出作为评估机构提供给金融机构以确定贷款额度的评估价格应当以市场价值为基准。马小军（2010）、石青海（2011）针对估价目的含糊、估价对象不明确、估价类型难以确定等问题提出了相应的抵押评估改进建议。不规范的抵押行为将削弱抵押担保的能力，从而产生金融风险；蒋树立和张建明（2008）指出商业银行以国有建设用地使用权为抵押物发放的贷款应当着重关注 18 个风险点；严金海（2007）分析了土地抵押的金融风险及其形成原因并从宏观角度提出了建议；李琛和翟玉金（2013）针对土地抵押贷款的风险表现从具体抵押项目和评估过程等微观层面提出了对策和建议。

（2）划拨土地使用权价格评估

为规范国有划拨建设用地使用权地价评估行为，2019年自然资源部办公厅发布了《划拨国有建设用地使用权地价评估指导意见（试行）》（自然资办函〔2019〕922号），明确了划拨地价评估应至少选用成本逼近法、市场比较法、公示地价系数修正法、收益还原法和剩余法中的两种。这几种方法在理论上是可行的，但在实际操作中存在非常大的难度。对于划拨土地使用权地价评估，首先要明确划拨土地使用权价格的构成，季伟根（2015）、陈向东和张玲燕（2020）认为划拨土地使用权的价格构成主要包括土地取得成本、土地开发成本、利息和利润以及部分土地增值收益。其次是划拨土地使用权价格评估的技术路线问题，陈惠（2015）指出划拨土地使用权价格评估可采用直接评估法和间接评估法两种思路。再次是划拨土地使用权补办出让评估，陈向东和张玲燕（2020）探讨了划拨土地使用权补办出让评估的土地增值收益测算、划拨土地的政府收益剥离以及土地取得费的选取等技术问题。

1.2.1.4 基准地价相关研究

基准地价是指在土地利用总体规划确定的城镇可建设用地范围内，对平均开发利用条件下，不同级别或不同均质地域的建设用地，按照商服、住宅、工业等用途分别评估，并由政府确定的，某一估价期日法定最高使用年期土地权利的区域平均价格。基准地价是政府公示地价体系的重要组成部分。

自20世纪80年代以来，为了科学测定城市中不同级别土地的土地使用费收费标准，一些地方开始对城镇基准地价评估展开研究。近些年来，对基准地价相关问题的研究主要集中在理论方法研究、基准地价信息系统开发，以及成果管理与应用研究等方面。在理论方法方面，早期，上海、北京和天津等地就提出了指数模型、多元线性回归模型等级差收益测算方法，形成了以土地级别为基础、级差收益为依据的城镇综合级别地价评估方法（李铃，1995）。1989 年，原国家土地管理局组织中国土地勘测规划院、北京大学等单位对各地提出的地价评估方法进行分析研究，并在此基础上，分别于 1990 年和 1992 年颁布了《城镇土地定级规程（试行）》和《城镇土地估价规程（试行）》，确立了以土地分等定级为基础、土地收益为依据、土地市场交易价格为参考的城镇级别地价评估的原则和方法体系。两个规程不仅确定了我国城镇基准地价体系由级别综合基准地价和商服、工业、住宅用地基准地价构成，而且评估方法上也更多引入市场比较法，评估结果在一定程度上较早期更能反映土地市场的价格水平。王宝铭（1997）则对土地级差收益测算法提出疑问，建议采用新的利润分解方法以及采用双要素或修正的三要素方法测算土地收益；倪绍祥和王玲霞（1994）在分用途基准地价的基础上，依据土地最高收益原则和最佳利用原则，借用阿隆索竞租理论和边际分析方法，提出了城市综合基准地价的测算方法；郑云有和周国华（2001）、岳大鹏（1999）就工业用地、商业用地基准地价等展开专题研究；李国安（1995）对开发区基准地价评估进行了尝试，通过对投资法的反向运用，建立了开发区基准地价评估的投资回报模型；敬松（1997）在分析利用基准地价修正系数法修正土地估价系数存在的问题的基础上，提出改进土地使用年期、个别因素、容积率等因素的修正方法。

随着城镇基准地价体系的逐渐成熟，基准地价的应用在空间上逐步下沉到小城镇，在范围上逐步拓展到集体建设用地和集体农用地。《城镇土地估价规程》规定的基准地价的评估思路都是建立在市场交易样点符合抽样统计原则的基础上，而对于土地市场发育早期且样点空间分布不均匀、难以满足基准地价评估建模要求的情况，则显得无可奈何。为解决小城镇基准地价评估中样本稀疏的问题，不少学者进行了多途径的探索。针对城镇边缘区无样本的末级地，从土地征收的思路采用成本逼近法计算地价（郑云有等，2001；刘义等，2014；娄俊启，2014）；考虑城镇地价水平与其综合等别的相关性，建立地价与分等综合数的关系模型推算样本不足乡镇的基准地价（王占岐等，2014）。廖凯儿和汤江龙（2017）针对小城镇基准地价评估中存在的土地交易类型单一、交易样点少、评估资料不足等问题提出了小城镇一体化基准地价评估技术方法，并以江西省浮梁县为例进行实证研究。胡驰强等（2016）针对县域乡镇地价评估样本稀疏的问题，通过曲线逼近建模和曲线校正建模两种方法建立样本稀疏情境下的地价模型，进而内插到乡镇内部的基准地价。在集体建设用地基准地价评估方面，杨建波等（2013）在分析集体建设用地基准地价内涵、价格构成和评估原则等的基础上，提出集体建设用地基准地价评估可采用样点地价法、城镇国有基准地价修正法和成本法三种技术路线。杭太元（2016）在定义集体建设用地基准地价内涵的基础上，提出了定级—估价—修正法集体建设用地基准地价评估的技术路径，并对修正体系和更新机制进行了探讨。

1.2.1.5 土地估价信息技术

近 20 年来数理统计分析与计算机模拟分析在土地估价领域的应用也有明显的突破。李玉英（1998）、陈浮等（1999）提出了一种应用 BP 神经网络模型具有的自组织性、自学习性和自适应性，把各种定性与定量的地价影响因素作为变量加以输入，建立各影响因素与地价间的高度非线性映射，采用自适应模式识别方法完成地价预测的新方法；邵黎霞（2000）提出将人工神经网络与地理信息系统技术相结合进行地价预测；赵耀文（1999）进一步将神经网络方法具体应用于城市商业用地出让地价评估；陈志鹏和吴次芳（2020）运用 BP 神经网络和 GIS 空间分析方法构建了 BP 网络，建立地价与影响因子之间非线性映射关系，并进行地价预测。吴宇哲等（2001）将空间局部内插技术运用于基准地价评估，克服了传统数理统计取平均值的缺陷，提高了评估结果的精确度；万俊和关柯（1995）将模糊数学方法与市场比较法相结合，通过建立模糊评判指标体系，选取与待估宗地相关程度较大的近期发生的交易案例，求取宗地最可能实现的合理价格。

地理信息技术也在土地定级估价、地价动态监测、城市地价评估与管理、城镇地价分析等方面得到了相应的使用。李玉华等（2015）利用组件式地理信息系统（ComGIS），研发了重庆市城镇土地定级估价系统。田晶晶（2017）利用 ArcGIS 空间分析方法建立土地定级数据库，运用扩散分析、叠加分析、聚类分析、统计分析等方法对影响因素进行空间分析，进行土地级别划分和基准地价评估。江晓忠（2002）探讨了 GIS 技术在城区地价动态监测中的应用。董启国等（2018）设计了基于 GIS 的城市地价评估信息系统，在地价评估、出让底价讨论和土地市场分析等方面发挥了重要作用。李悦等（2017）运用 Kringing 方法生成武汉市房价与住宅用地基准地价 DEM，直观反映了武汉市中心城区住房价格与住宅用地基准地价空间分布上的差异。马金凤等（2015）依托 ArcGIS9.3 软件对鄂州市城区住宅用地基准地价的空间变化做了三维分析，并探讨了影响鄂州市城区住宅用地基准地价空间变化的主要因素。

1.2.2 房地产估价理论方法研究进展

1.2.2.1 房地产估价方法相关研究

国内房地产估价行业是随着全国住房制度改革的开展而不断发展起来的。与国外相比，我国的房地产估价研究起步较晚，但发展较快，成果较为丰富。除了应用收益法、比较法、成本法等主要方法进行房地产估价外，层次分析法、特征价格理论、回归分析、BP 神经网络模型、模糊数学以及灰色关联等技术相继引入房地产估价之中，使估价方法得到了越来越多的改进。

（1）房地产估价基本方法改进

在对市场法的改进方面，张欢（2014）提出应用灰色关联度模型，通过比较关联度的大小，客观确定市场比较法的可比实例，并将熵权法引入市场比较法，根据比较因素的变异程度客观确定各因素的权重。针对可比实例选取的随意性和房地产价格影响因素修正主观性强的问题，陈晨（2018）利用德尔菲法筛选可比实例，避免了个别估价师主观决定可比实例的情况，建立集对分析模型，对估价对象关于可比实例的同、异、反三个方面进行联系度测评和因素修正，减小了价格影响因素修正的主观性。黄凯华（2020）也提出在案例选取过程中引入灰色关联度分析模型，通过计算待选取案例与估价对象之间的关联度大小来选取可比实例，大幅度缩小了估价结果与实际成交价格之间的差异率。在对成本法的改进方面，苏蕾蕾（2014）通过建立模糊综合评价模型对建筑物的成新度进行评估，利用价值工程原理对现实成本进行修正，并通过建立效用函数来反映经济外部性对房地产价格的影响。在对收益法的改进方面，刘学红（2020）提出采用层次分析法对收益额进行改进，采用风险收益模型对报酬率进行改进；朱晓刚（2021）认为应从明确评估价值内涵、合理确定评估参数、合理选取评估公式等途径改进收益法评估的精准度。

（2）房地产估价的新方法探索

特征价格模型、回归模型、BP 神经网络理论和模糊数学模型等相继被引入房地产估价之中。贾生华和温海珍（2014）将特征价格理论引入房地产估价之中，通过构建 Hedonic 模型探讨了房地产价格的影响因素。杨志飞（1999）构建回归模型，分析要素与价格的联系，得到了计算房地产价格的通用方程。杨黎萌和刘开第（2004）将 BP 法与距离算法相结合，提高了样本的模式辨识度。申玲（1998）在使用比较法时，提出将 BP 神经网络理论引入房地产估价，并对网络结构以及学习算法等问题进行了讨论。李真（2005）、刘素丽（2006）将模糊数学应用到比较法中，对估价中的主观因素进行定量化处理，降低了主观因素对估价结果的影响。周春喜（2004）针对交易实例的选取及比准地价确定时的不确定性和模糊性，将模糊数学引入估价中，构建相关估价模型并进行实证分析。张威（2006）将灰色关联分析理论应用到估价中，定量分析了价格与影响要素的关联度，得出各特征因素对价格的影响权重。

1.2.2.2 房地产估价信息技术

房地产估价行业是一个与地理信息高度相关的行业。房地产估价工作具有显著的空间分析特性，估价对象的坐落、公共服务设施的分布等空间特征对房地产价格具有显著的影响。而 GIS 技术以其强大的空间数据和属性数据的处理和分析能力能够对房地产估价行业发挥有效的作用。基于 GIS 技术的房地产估价信息系统设计与开发，是地理信息系统技术在房地产估价领域应用的代表性成就。早在 2003 年，李欣等就介绍了深圳世联开发的 GIS 房地产估价信息系统，该系统实现了估价流程管理、自动计算估价结果和自动生成报告等功能的集成。王森林（2005）设计并开发了房地产估价系统，综合集成了评估项目、估价模型、估价报告和辅助工具等功能模块。谷晓玉和王卫安（2003）将 GIS 引入房地产评估领域，以房地产估价专业理论、数据库和计算机技术为支撑，创建了 GIS 支持下的评估系统，阐述了系统的功能和效果。田浩（2007）以 ArcGIS 和 ArcObject 为技术支撑，设计开发了房地产估价决策支持系统，集成了房地产数据管理、项目管理、估价决策、空间分析、估价报告和系统管理等子系统。王成元（2013）认为 GIS 可为估价提供数据采集和管理、信息查询、模型集成和空间分析等功能，基于 GIS 技术可以构建成交实例选取模型、主特征因素权重确定模型、特征因素隶属度确定模型、GIS 技术辅助估价模型和待估房地产价格确定模型等，进而设计了基于 GIS 技术的房地产估价系统。刘兴权和苏丹妮（2004）探讨了将 WebGIS 技术应用于房地产估价的前景，提出基于 WebGIS 技术的数字化房地产是未来房地产信息化的重要内容。

1.3 研究思路和主要内容

1.3.1 研究思路

本书在综论国内外不动产估价理论和方法相关研究成果的基础上，针对已有研究的不足以及当前土地和房地产估价业务实践中急需解决的理论和技术问题，结合笔者近十年来的从业经验和对相关理论与技术的研究基础和研究成果，分土地估价相关理论探索、房地产估价相关理论探索、现代信息技术在估价中的应用探索和不动产估价行业高质量发展路径探索四个篇章，对土地和房地产估价的相关理论问题和新技术在估价中的应用等进行探索性的思考。

1.3.2 主要内容

本书的主要内容包括以下五个部分：

第一部分为绪论。主要介绍不动产、不动产价格和不动产估价的相关概念以及本书对不动产估价的界定；国内外土地估价和房地产估价领域的理论与技术研究进展和不足之处；提出本书的研究思路和主要研究内容。

第二部分为土地估价相关理论探索。针对当前土地估价业务实践的需求以及新业务的拓展方向，探讨了土地估价原则的内涵及其对估价方法、估价目的的适用性；土地抵押净值的测算思路、测算实例和应注意的问题；县域标定地价体系建设的难点和关键问题等。

第三部分为房地产估价相关理论探索。针对房地产估价实践中实地查勘过程中存在的问题，以及比较法中价格因素量化的主观随意性问题，探讨了实地查勘的工作流程、主要内容和重点，比较法中价格因素的内涵及量化方法以及楼层指数的编制与应用等问题。

第四部分为现代信息技术在估价中的应用探索。主要探讨了大数据和GIS 技术在不动产估价中的应用方向，在系统介绍 GIS 主要功能的基础上构建了 GIS 在估价中的应用体系及应用实例。

第五部分为不动产估价行业高质量发展路径探索。探讨了新冠疫情对土地和房地产估价行业发展的影响，针对土地和房地产估价行业发展面临的问题和挑战，提出土地和房地产估价行业高质量发展的路径和建议。

第一篇

土地估价相关理论探索

❷ 土地估价原则的内涵及适用性

要客观、准确评估土地价格必须遵循土地价格形成的基本规律和估价的基本原则，土地估价原则是评估专业人员在对土地价格形成和变化的客观规律认识的基础上，总结出来的在估价活动中应当遵循的基本准则，是土地估价理论的重要组成部分，更是土地估价实践活动的行动指南。然而，在土地估价实务和估价报告编写过程中，估价原则是常常被忽视的部分，在估价报告中对估价原则部分的陈述常存在以下问题：①把所有的估价原则全盘列出，不慎重考虑估价原则在本次评估中的针对性；②较少考虑估价原则与估价目的和估价方法的对应性；③对估价原则的内涵理解不透彻，相关表达词不达意或含糊其词；④估价原则与本次估价的估价目的和估价方法结合得不够紧密，没有结合估价方法和估价目的进行分析和阐述，报告使用者难以看出估价原则的指导性在估价过程中是如何体现的；⑤估价原则使用的随意性，在国家标准《城镇土地估价规程》和相关文件规定之外随意增加估价原则，且对估价原则的内涵没有明确的界定。基于此，有必要对土地估价原则的内涵和适用性再给予讨论，理顺土地估价原则的丰富内涵及其适用性，以用于指导估价实践。

2.1 土地估价原则的内涵

2.1.1 土地估价的主要原则

关于土地估价的原则，国内外众多有关不动产估价的著作中都有所介绍，但不动产估价究竟应该遵照哪些原则，因各国、各地区制度政策的不同、不动产市场发育水平的不同而在认识上有所不同。国内对土地估价原则的认识较多地吸收和借鉴了国外和我国台湾、香港地区不动产估价原则，但不同学者对此问题的见解也尚未达成一致，表 2–1 列出了相关著作中对不动产估价原则的论述，列出的这些不动产估价原则在很大程度上也是土地估价应遵循的主要原则。

表 2–1　相关著作中土地估价的主要原则

作者	估价原则
美国估价学会（2001）	预期原则、变动原则、供给和需求原则、竞争原则、替代原则、机会成本、均衡原则、贡献原则、剩余生产力原则、适合原则、外部性原则
周小萍等（2008）	合法原则、最高最佳使用原则、供需原则、替代原则、预期收益原则、估价时点原则、公平原则
虞晓芬（2010）	工作原则（独立性原则、公平性原则、可行性原则、科学性原则、合法原则、整体性原则），经济原则（预期原则、最高最佳使用原则、替代原则、供求原则、外部性原则、估价时点原则）
王喜和陈常优（2015）	工作原则（独立性原则、客观性原则、科学性原则、合法性原则），经济原则（最高最佳使用原则、估价时点原则、供求原则、替代原则、预期收益原则、公平原则）
叶剑平和曲卫东（2016）	独立客观公正原则、合法原则、最高最佳使用原则、替代原则、估价时点原则
朱道林（2017）	替代原则、预期受益原则、变动原则、供需原则、最有效利用原则、均衡原则、报酬递增递减原则、贡献原则、公平原则

2.1.2　土地估价原则的内涵

根据中华人民共和国国家标准《城镇土地估价规程》中 4.3 的规定，估价技术原则包括替代原则、最有效利用原则、预期收益原则、供需原则和贡献原则。《房地产估价规范》（GB/T 50291—2015）中规定房地产估价原则有合法原则、最高最佳使用原则、替代原则和价值时点原则。《国有建设用地使用权出让地价评估技术规范》（国土资厅发〔2018〕4 号）提出了土地使用权出让地价评估还需考虑价值主导原则、审慎原则和公开市场原则。此外，合法原则也应该作为土地估价的重要基础性原则，接下来对各估价原则的内涵给予阐释。

2.1.2.1　替代原则

土地估价应以相邻地区或类似地区功能相同或相近、条件相似的土地市场交易价格为依据，估价结果不得明显偏离具有替代性质的土地客观价格。①相邻地区是指与待估宗地空间紧邻的同质区域，类似地区是指与待估宗地所处地域相类似的，属同一供需圈的其他同质地域，同一供需圈是能够与估价对象形成替代关系、市场的供给与需求状况基本相同、地域条件一致或相似，并对估价对象价格产生显著影响的区域；②所谓功能相同或相近、条件相似的土地是指在用途、权益、区域因素和个别因素等方面与估价对象相同或相当的土地，它们与估价对象具有相互替代的可能性，并在一定程度上能牵制估价对象的价格；③具有相近或相当的效用、存在相互替代可能的宗地之间，会相互影响和竞争，使价格相互牵制而趋于一致，公开市场条件下，估价对象的价格不得明显高于或低于用途、权益、区位、效用相同或相似、具有替代可能的同类土地的市场正常交易价格。

2.1.2.2　最有效利用原则

土地估价应以待估宗地在合法原则允许的范围内达到最有效利用为前提。判断土地的最有效利用，以土地利用在法律上许可、技术上可能和经济上可行为前提，以是否符合其自身利用条件、法律法规政策及规划限制、市场要求和最佳利用程度等为依据使估价对象的价值达到最大的可能的使用方式。最有效利用是指在各种可能的利用方式中使估价对象的开发利用价值达到最大，但最有效利用并不是无条件的，必须在合法使用的前提下满足以下条件或限制：①有关法律法规和地方政策对土地开发建设的相关规定或者出让合同对估价对象宗地开发建设的有关规定，诸如，投资强度、配建经济适用房、公租房以及公共服务设施等；②自身利用条件是指土地的自然基础条件及其开发适宜性，包括位置、地形地势、工程地质、地下水埋藏条件，以及土壤条件等对土地开发建设的影响；③规划限制是指城市规划对估价对象的用途、建筑密度、建筑高度、容积率、绿化率等规划建设指标的控制和引导；④市场要求是指市场需求者的预期需求以及市场需求者对土地开发完成后的房地产产品的类型和档次的接受和满意程度；⑤最有效利用程度是指开发利用或开发建设的房地产的产品形式或多种产品形式的组合是否达到了最佳用途、最佳规模和最佳集约度，与其他使用方式相比产生更多的回报。

2.1.2.3 预期收益原则

土地估价应以待估宗地在正常利用条件下的未来客观有效的预期收益为依据。①正常利用条件下是指土地利用应该在其自身利用条件、法律法规政策规定、规划限制和面向市场需求条件下持续有效利用，土地只有在持续的使用中才能不断地带来收益；②与其他商品相似，土地价格取决于未来预期收益高低，土地投资者也是在预测土地将来所能带来收益后进行投资，客观有效的预期收益是土地在正常持续利用情况下将来可能获得的客观收益，或者实际收益剔除特殊的、偶然性的因素后的收益；③对于出租和具有租金收益的土地的预期收益状况比较明确，但对于自用的土地或者暂时闲置的土地，则要通过比较与其功能相似、条件相近的可替代土地的预期收益来客观地判断待估宗地客观有效的预期收益。

2.1.2.4 供需原则

土地估价也应像其他商品一样以市场供需关系为依据决定土地价格，但需要充分考虑由于土地位置的固定性和自身的独特性所造成的供需关系的特殊性和土地市场的地域性。①市场供需决定土地价格，土地作为一种稀缺资源，在交易过程中也符合普通商品的价格形成机制，即在完全竞争市场上，商品的价格取决于需求与供给关系的均衡点，土地的价格也应该是土地供需均衡点对应的价格；但土地市场并不是完全竞争市场，不能仅按照供需均衡法则来分析土地供需的特殊性和地域性会对土地价格产生重要的影响，土地估价时既要考虑公开市场环境，也要考虑土地供应的垄断性和地域性。②土地供需的特殊性在于我国实行土地的社会主义公有制，政府代表国家向土地使用者出让一定年限的土地使用权，土地供给的垄断性和土地需求的竞争性会造成土地价格偏离均衡价格，当需求不变，供给增加时土地价格会下降，当供给不变，需求增加时土地价格则会上升。③土地市场的地域性主要指土地位置的固定性和不可移动性所造成的土地的供给和需求都局限于局部区域，只有对特定地区的土地具有需求意愿的单位或个人才会选择获取该区域的土地使用权。④除供给与需求的总量变化影响土地价格外，供给与需求的结构性变化也会对地价产生不同的影响。

2.1.2.5 贡献原则

不动产的总收益是由土地及其他生产要素共同作用的结果，土地价格可根据土地对不动产收益的贡献大小确定。①不动产的总收益是土地及其他生产要素共同作用的结果，其他生产要素主要指建筑物及其附属设施、劳动力投入、资本费用以及其他经营成本等，不动产的总收益或不动产的价值可以根据土地和建筑物及其他投入要素等的贡献大小进行分割或分解。②土地的总收益可以由不动产的总收益扣除建筑物及其他要素投入的费用得到，或者土地的价值或价格可以由不动产的总价值扣除建筑物及其他要素的价值得到。

2.1.2.6 价值主导原则

土地综合质量优劣是对地价产生影响的主要因素。①土地综合质量优劣是自然条件（地质、地形、地势、地下水埋藏深度、承载能力）、区位条件、开发程度、周边环境、规划限制等多种因素的综合评判；②根据各因素对土地价格影响的程度大小可把土地价格的影响因素分为主要因素和次要因素，土地价格在很大程度上是由价格影响因素的主要因素决定的；③在土地估价时应重点分析对土地价格起主导和控制作用的因素，突出主导因素对土地价格影响的作用方向和影响程度。

2.1.2.7 审慎原则

在评估中确定相关参数和结果时，应分析并充分考虑土地市场的运行状况、有关行业发展状况，以及存在的风险。①估价参数包括比较法中的各种修正系数、调整系数，收益法中的报酬率、资本化率、收益乘数、空置率、运营费用率、净收益率、净收益变化率，成本法和假设开发法中的利息率、相关开发成本的费用率、利润率和土地增值收益率等；②土地市场的运行状况是指当前及未来一段时间区域土地市场的繁荣程度，包括不同用途土地的供应、需求规模，供需比例，成交量和成交价格等方面；③有关行业的发展状况指对应估价对象自身用途的行业，以及有前向、后向和侧向关联关系的行业的总和，诸如，跟土地用途相对应的工业和商服业、房地产业及与房地产业相关的产业、基础设施以及金融业等的发展前景以及国家的产业政策导向等；④存在的风险主要包括土地交易中的不确定性、房地产开发和相关行业发展前景的不确定性，以及资本的时间成本和金融风险等。在评估时估价参数的确定和估价结果的确定要考虑以上因素对估价结果的影响。

2.1.2.8 公开市场原则

评估结果在公开、公平、公正的土地市场上可实现。①所谓公开是指市场交易各方都是自愿地进行交易，交易双方进行交易的目的都是追求各自利益的最大化，交易双方具有必要的专业知识并了解交易对象，交易双方掌握必要的市场信息，交易双方具有充裕的时间进行交易，不存在买者因特殊兴趣而给予附加出价。②所谓公平是指在土地市场上，包括供给者、购买者在内的各市场主体享有平等的竞争权利、平等的竞争机会和平等的竞争规则。③所谓公正是指市场管理者在实施监督管理的过程中不偏袒土地供给者、需求者及其他利害关系人中的任何一方；评估专业人员也必须站在公正的立场上，不为私利所影响，回避有利害关系的估价对象和有亲属关系的当事人，给予估价对象客观公正的价值判断。

2.1.2.9 合法原则

土地估价结果是指在依法判定状况下估价对象的价值或价格。合法原则包括两个方面：①土地估价要以估价对象具有合法权益为前提，具体包括合法产权、合法使用、合法处分等方面。在合法产权方面应以不动产权证和其他合法权属登记证件为依据，现行土地权属证书有《不动产权证书》《国有土地使用证》《集体土地所有证》《集体土地使用证》等；在合法使用方面应以使用管制（城市规划、土地用途管制等）和持续有效使用为依据；在合法处分方面应以法律、行政法规或合同（如土地使用权出让合同）等允许的处分方式为依据。②要依法估价，估价不仅要依据有关法律、法规、最高人民法院和最高人民检察院发布的有关司法解释，国务院所属部门颁布的部门规章和政策，有关国家标准和行业标准以及土地登记簿册，权属证书、批文和合同等，还要依据估价对象所在地的有关地方性法规，估价结果要符合国家的价格政策，包括最低限价政策和政府建议指导价等。

2.2 土地估价原则的适用性

2.2.1 估价原则的分类

虞晓芬（2010）、王喜和陈常优（2015）各自在《不动产估价》书中把不动产估价原则分为工作原则和经济原则，为我们对土地估价原则的分类表达提供了有益的思路。本书按照估价原则的内涵及其对估价行为各环节的导向、规定和指导作用把土地估价原则分为三种类型，即通用原则、技术原则和导向原则，其中，通用原则适用于各种目的和各种方法的估价行为；技术原则是针对不同估价方法和估价技术路线所需要遵循的准则；导向原则是针对不同的估价目的所需要遵循的准则。合法原则是所有的估价行为都必须遵循的通用原则，在此不再赘述，接下来分别阐述技术原则和导向原则对不同估价方法和不同估价目的的适用性。

表 2–2　土地估价原则的分类

类别	土地估价原则
通用原则	合法原则
技术原则	替代原则、最有效利用原则、预期收益原则、供需原则、贡献原则
导向原则	价值主导原则、审慎原则、公开市场原则

2.2.2　技术原则对估价方法的适用性

估价原则要与估价目的和估价方法相对应，估价技术原则主要适用于不同的估价方法，在采用不同估价方法时应该遵循相应的技术原则。

2.2.2.1　收益还原法

收益还原法是将待估宗地未来正常年纯收益（地租），以一定的土地还原率还原，以此估算待估宗地的价格。在采用收益还原法评估时，测算年总收益是关键，年总收益是指估价对象按最有效利用方式出租或自用，在正常利用条件下，合理利用土地应取得的持续而稳定的客观年收益或租金，可以是直接收益，也可以是间接收益。估价对象的年总收益可通过与同一供需圈内的土地利用功能相同或相近、条件相似的土地的收益进行比较修正得到，在测算年总收益时应遵循最有效利用原则、预期收益原则、替代原则和供需原则。在通过比较法修正测算估价对象年客观总收益时，要考虑供需关系和交易情况对土地年收益的影响。年总收益是土地和其他要素投入（包括建筑物及附属物、劳动力投入、经营投入、生产投入等）共同作用而产生的，按照贡献原则，土地的纯收益是总收益扣除各项非土地因素所产生的收益后的余额。

2.2.2.2 市场比较法

市场比较法是将待估宗地与具有替代性的，且在估价期日近期市场上交易的类似宗地进行比较，并对类似宗地的成交价格进行差异修正，以此估算待估宗地的价格的方法。市场比较法不但可以用于评估土地的价格或土地租金，还可以用于其他方法中相关参数的求取，采用市场比较法测算待估宗地的租金是预期未来一定时期内正常持续利用的租金。市场比较法中确定比较实例是关键，比较实例对估价对象的替代性是要遵守的首要原则。由于土地供需的特殊性和市场的不完全性，比较实例的选择还要考虑比较实例的交易方式是否正常，是否是利害关系人之间的交易等。这里主要考虑供给者和需求者关系对土地价格的影响，是供需原则的体现。市场比较法测算中除进行交易情况修正、期日修正和区域因素修正外，还要进行个别因素修正，个别因素修正主要是将宗地个体差异所导致的价值差异排除，尤其是对容积率进行修正要遵循最有效利用原则。

2.2.2.3 剩余法

剩余法是指在测算完成开发后的不动产正常交易价格的基础上，扣除预计的正常开发成本及有关专业费用、利息、利润和税费等，以价格余额估算宗地价格的方法。根据贡献原则，不动产总价值是由土地、建筑物及其他要素投入等共同形成的，土地的价格可由不动产的价值扣减建筑物及其他要素的价值来测算得到。测算开发完成后的不动产总价，首先要确定该土地的最有效利用方式和开发完成后的不动产在当前市场状况下的价格，采用剩余法估价时土地是否为最有效利用至关重要，如果是待开发的土地，则需要调查其规划条件，并根据土地的规划利用条件、土地市场状况等因素在遵循最有效利用原则的基础上确定土地的最有效利用方式。不动产价格的确定可以采用市场比较法、收益还原法或市场比较法与收益还原法综合测算，当利用房地产交易实例采用市场比较法测算开发完成后不动产价格时需要遵循替代原则，当采用房屋出租案例确定不动产价格时需要遵循替代原则和预期收益原则。

2.2.2.4 成本逼近法

成本逼近法以取得和开发土地所耗费的各项客观费用之和为主要依据，加上客观利润、利息、应缴纳的税金和土地增值收益等确定土地的价格。土地开发所耗费的各项费用和投入可以看作是对土地的不同投入，它们均按照一定的方式和强度对土地的价值产生贡献，所以可通过各要素成本的综合来估算土地的价值，这是贡献原则在成本逼近法中的体现。土地取得费的确定因土地取得方式的不同而不同，通过征收集体土地取得的土地取得费是征地费，征地费主要包括土地补偿费、安置补助费、地上附着物补偿费和青苗补偿费等；通过城市房屋拆迁取得的土地取得费为拆迁安置补偿费；通过市场购买取得土地的，土地取得费为土地的购买价格。不管哪一种情况，土地取得费的测算都要遵循替代原则。土地增值收益率的确定和土地增值收益的测算也是成本逼近法估价的关键环节之一，土地增值收益率的测算一般采用市场提取法进行确定，土地增值收益率可参照同一市场供需圈内的功能相同或相近、条件相似的交易宗地的土地增值收益率来确定，这是替代原则和供需原则在成本逼近法中的体现。根据估价对象在区域内的位置和宗地个别因素条件对待估宗地进行形状、规模、年期等因素修正也需要遵循替代原则。

2.2.2.5 基准地价系数修正法

基准地价系数修正法是利用城镇基准地价及其地价修正体系，按照替代原则将待估宗地的区域条件和个别条件与基准地价的条件相比，进而通过修正求取待估宗地在估价期日的价格的方法。在利用基准地价系数修正法评估时需要根据估价对象的权属和规划利用条件进行容积率修正和年期修正，尤其是容积率修正要按照最有效利用原则选择合适的容积率修正系数。

技术原则对估价方法的适用性具体见表 2–3。

表 2-3 技术原则对估价方法的适用性

估价方法	技术原则
收益还原法	替代原则、最有效利用原则、预期收益原则、供需原则、贡献原则
市场比较法	替代原则、最有效利用原则、预期收益原则、供需原则
剩余法	替代原则、最有效利用原则、预期收益原则、供需原则、贡献原则
成本逼近法	替代原则、供需原则、贡献原则
基准地价系数修正法	替代原则、最有效利用原则

2.2.3 导向原则对估价目的的适用性

2.2.3.1 出让评估

土地使用权出让地价评估是土地估价师按照规定的程序和方法，参照当地正常市场价格水平，评估拟出让宗地土地使用权价格或应当补缴的地价款。目的是为出让方通过集体决策确定土地出让底价或核定应该补缴的地价款提供参考依据。根据《国有建设用地使用权出让地价评估技术规范》，土地使用权出让地价评估除遵循《城镇土地估价规程》规定的基本原则外，还需遵循价值主导原则、审慎原则和公开市场原则。考虑到不同用途土地价格的主要影响因素不同，估价时应该有针对性地分析不同用途土地价格的主导影响因素，尤其是使用比较法评估时，修正因素因子的主导因素应该必选；坚持审慎原则，在估价时应该从正常交易实例中选择比较实例，收益、成本、费用取值要客观合理；坚持公开市场原则，估价时应该使用正常的招拍挂交易实例，同时也要考虑土地供给的特殊性和土地市场的地域性。

2.2.3.2 抵押评估

抵押评估应当遵守审慎原则，在存在不确定因素影响的情况下，应当保持必要的谨慎，充分估计抵押房地产在处置时可能受到的限制、未来可能发生的风险和损失，不高估市场价值，不低估知悉的法定优先受偿款。估价时，不选取成交价格明显高于市场价格的交易实例作为可比实例；不高估土地取得成本、开发成本、有关费税和利润，不低估折旧；不高估收入或者低估运营费用，报酬率或者资本化率不应偏低；不高估未来开发完成后的价值，不低估开发成本、有关费税和利润。此外，抵押评估也要坚持价值主导原则，针对不同用途的估价对象，要恰当判断影响其价值大小的主要因素，在采用市场比较法评估，或者测算客观总收益、开发完成后的不动产价值等的过程中要恰当地选择比较因素，准确判断和确定各比较因素对土地价值的影响程度和修正幅度。

2.2.3.3 司法鉴定评估

估价时坚持公开市场原则，使用市场比价法时比较实例不选择非正常交易的案例，包括利害关系人之间的交易，不了解行情的交易、被迫转让、人为哄抬价格，以及特殊偏好的交易等，不选择轮番竞价次数较多、溢价率较高或价格较低的交易作比较实例。使用收益还原法评估时，在无租约限制的情况下，应采用持续利用条件下的客观有效预期收益，而不是估价对象的实际收益；使用剩余法评估时，不动产总价的测算也要坚持采用公开市场条件下的不动产交易价格进行比较修正得到；使用成本逼近法估价时，土地增值收益率和利润率的确定应该采用公开市场条件下的一般增值收益率和全社会平均利润率。坚持价值主导原则与其他估价目的的工作思路是一致的。

导向原则对估价目的的适用性具体见表 2–4。

表 2–4　导向原则对估价目的的适用性

估价目的	估价原则
出让评估	公开市场原则、价值主导原则、审慎原则
抵押评估	公开市场原则、审慎原则、价值主导原则
司法鉴定评估	公开市场原则、价值主导原则

本书针对土地估价报告中对土地估价原则理解不够透彻、内涵不够清晰和选择不够恰当等问题，对各土地估价原则的内涵进行了详细的阐述，并对各估价方法和不同估价目的所适用的估价原则进行了匹配和分析，为能够在一定程度上提升土地估价报告质量提供有益的帮助。此外，有的土地估价报告还提到了变动原则、协调原则、综合分析原则、多种方法相比较原则、报酬递增递减原则等，这些估价原则在《城镇土地估价规程》和相关文件中未提及，其适用性有待进一步讨论。

3 土地抵押净值评估及关键问题

3.1 土地抵押净值的概念及内涵

3.1.1 土地抵押净值的概念

在土地抵押评估实务中，银行等金融机构为了深度掌握抵押物的价值，降低金融风险，要求在抵押估价结果中披露抵押净值。土地抵押净值在《城镇土地估价规程》以及相关技术标准、规范性文件和教材中没有明确定义。相关文献中对抵押净值有一些阐述，诸如，王明珠（2008）认为抵押净值是评估价值减去预计税费、抵押物处置时拍卖费用、抵押物法定优先受偿款等之后的剩余价值；预计税费是假设抵押物于评估时点交易时，按照国家有关交易税费标准所计算出的税费。《房地产估价基本术语标准》中对抵押净值做了界定，抵押净值是抵押价值减去预期实现抵押权的费用和税金后的价值，抵押价值是估价对象未设立法定优先受偿权下的价值减去注册房地产估价师知悉的法定优先受偿款后的价值。基于以上考虑，本书把土地抵押净值界定为土地抵押价值减去预期实现抵押权的费用和税金后的价值，即：土地抵押净值 = 土地抵押价值 – 预期实现抵押权的费用 – 预期实现抵押权的税金。根据这个价值内涵，测算土地抵押净值的关键是要厘清预期实现抵押权的费用和税金包括哪些方面以及取值的标准和依据。需要指出的是，在这里我们设定抵押净值的评估时点与估价期日一致，即模拟于估价期日实现抵押权的情景，实现抵押权的费用和税金是抵押物于估价期日交易时按照国家有关法律、法规和税费标准应缴纳的费用和税金。

3.1.2 土地抵押净值的评估思路

《中华人民共和国民法典》（2020 年 5 月 28 日第十三届全国人民代表大会第三次会议通过）第 410 条对债务人不履行到期债务或者发生当事人约定的实现抵押权的情形时，就抵押权的实现途径进行了明确的规定。实现抵押权的途径有两条：一是抵押权人和抵押人通过协议方式解决，包括对抵押财产协议折价，协议拍卖、协议变卖该抵押财产所得价款优先受偿；二是抵押权人向人民法院提起诉讼，请求人民法院拍卖、变卖抵押财产实现受偿。当通过协议的方式解决债务纠纷存在困难，尤其对于价值较大的土地抵押贷款的抵押权往往通过司法手段实现，土地司法鉴定评估也是土地和房地产估价机构的主要业务之一。通过司法拍卖、变卖实现抵押权，可以认为是抵押土地通过司法手段的被迫转让，涉及的费用就应当包括司法处置各环节的费用。

通过请求人民法院拍卖、变卖抵押财产实现抵押权，通常包括申诉、审判、判决、申请执行、司法评估、司法拍卖或变卖等环节，这些环节涉及的费用包括诉讼费（案件受理费、申请费、司法鉴定评估费）、拍卖佣金等。《诉讼费用交纳办法》（2006 年 12 月 19 日中华人民共和国国务院令第 481 号公布）规定，诉讼费用由败诉方负担，胜诉方自愿承担的除外，债务人对督促程序未提出异议的，申请费由债务人负担。根据以上规定，本书认为案件受理费、申请费、司法鉴定评估费都应该作为实现抵押权的费用在抵押价值中扣除。另外，根据《最高人民法院关于人民法院民事执行中拍卖、变卖财产的规定》（根据 2020 年 12 月 23 日最高人民法院审判委员会第 1823 次会议通过的《最高最高人民法院关于修改〈最高人民法院关于人民法院扣押铁路运输货物若干问题的规定〉等十八件执行类司法解释的决定》修正），拍卖成交的拍卖机构可以向买受人收取佣金，则拍卖佣金不需要在抵押价值中扣除。

3.1.3 预期实现土地抵押权的费用

3.1.3.1 案件受理费

根据《诉讼费用交纳办法》第 6 条和第 7 条规定，诉讼费用包括案件受理费，申请费，证人、鉴定人、翻译人员、理算人员在人民法院指定日期出庭发生的交通费、住宿费、生活费和误工补贴。案件受理费包括第一审案件受理费；第二审案件受理费；再审案件中，依照《诉讼费用交纳办法》规定需要交纳的案件受理费。案件受理费的交纳标准分财产案件、非财产案件、知识产权民事案件、劳动争议案件和行政案件等，其中财产案件根据诉讼请求的金额或者价额，按照比例分段累计交纳。具体标准见表 3–1。

表 3–1 财产案件受理费交纳标准

诉讼请求的金额或者价额	交纳标准（%）
不超过 1 万元的	每件 50 元
超过 1 万元至 10 万元的部分	2.5
超过 10 万元至 20 万元的部分	2.0
超过 20 万元至 50 万元的部分	1.5
超过 50 万元至 100 万元的部分	1.0
超过 100 万元至 200 万元的部分	0.9
超过 200 万元至 500 万元的部分	0.8
超过 500 万元至 1000 万元的部分	0.7
超过 1000 万元至 2000 万元的部分	0.6
超过 2000 万元的部分	0.5

3.1.3.2 申请费

《诉讼费用交纳办法》第 10 条规定：“当事人依法向人民法院申请

下列事项，应当交纳申请费：（一）申请执行人民法院发生法律效力的判决、裁定、调解书，仲裁机构依法作出的裁决和调解书，公证机构依法赋予强制执行效力的债权文书；（二）申请保全措施；（三）申请支付令；（四）申请公示催告；（五）申请撤销仲裁裁决或者认定仲裁协议效力；（六）申请破产；（七）申请海事强制令、共同海损理算、设立海事赔偿责任限制基金、海事债权登记、船舶优先权催告；（八）申请承认和执行外国法院判决、裁定和国外仲裁机构裁决。”申请费具体交纳标准见表3–2。

表 3–2　案件申请费交纳标准

执行金额或者价额	交纳标准（%）
不超过 1 万元的	每件 50 元
超过 1 万元至 50 万元部分	1.5
超过 50 万元至 500 万元的部分	1.0
超过 500 万元至 1000 万元的部分	0.5
超过 1000 万元部分	0.1

3.1.3.3　评估费

根据《诉讼费用交纳办法》第 12 条和《国家发展改革委关于放开部分服务价格的通知》（发改价格〔2014〕2732 号），放开的 7 项专业服务价格包括土地和房地产价格评估服务收取的费用。国家虽放开了土地评估收费标准，但也要求各有关行业主管部门要按照通知要求，加强对本行业相关经营主体收费行为监管。为落实《最高人民法院关于人民法院确定财产处置参考价若干问题的规定》（法释〔2018〕15 号），中国土地估价师与土地登记代理人协会依据《人民法院委托评估工作规范》（法办〔2018〕273 号）完成了人民法院涉执财产处置司法评估机构名单库（土地估价方向）的推选；人民法院依据国家计委、国家土地管理局《关于土地价格评估收费的通知》（计价格〔1994〕2017 号）制定了人民法院委托评估收费标准，入库土地估价机构声明接受人民法院委托评估工作收费标准并进行了系统备案。

人民法院委托评估收费标准见表 3–3。

表 3–3　人民法院委托评估收费标准

土地价格总额	收费标准（‰）
100 万元以下（含 100 万元）	4.0
101 万 ~200 万元部分	3.0
201 万 ~1000 万元部分	2.0
1001 万 ~2000 万元部分	1.5
2001 万 ~5000 万元部分	0.8
5001 万 ~10000 万元部分	0.4
10000 万元以上部分	0.1

3.1.4　预期实现土地抵押权的税金

抵押土地通过司法拍卖实现抵押权涉及的税金与土地使用权转让涉及的税金是一致的，凡需由转让人（债务人或被执行人）缴纳的税金，在测算抵押净值的时候均应在抵押价值中扣除。

3.1.4.1　增值税

按照《财政部　国家税务总局关于全面推开营业税改征增值税试点的通知》（财税〔2016〕36 号）文件要求，自 2016 年 5 月 1 日起房地产业也纳入营业税改征增值税试点范围。《营业税改征增值税试点实施办法》（财税〔2016〕36 号）规定，提供不动产租赁服务、销售不动产、转让土地使用权的增值税税率为 11%。《关于调整增值税税率的通知》（财税〔2018〕32 号）把原适用 11% 税率的调整为 10%；《关于深化增值税改革有关政策的公告》（财政部 税务总局 海关总署公告 2019 年第 39 号）又把原适用

10% 税率的调整为 9%。自 2019 年 4 月 1 日起，转让土地使用权适用增值税税率为 9%。需要指出的是，转让土地使用权应缴纳的增值税还应注意区分新、老项目及一般和小规模纳税人。

（1）转让 2016 年 4 月 30 日前取得的土地使用权。根据《财政部 国家税务总局关于进一步明确全面推开营改增试点有关劳务派遣服务、收费公路通行费抵扣等政策的通知》（财税〔2016〕47 号）规定，纳税人转让 2016 年 4 月 30 日前取得的土地使用权，可以选择简易计税方法，以取得的全部价款和价外费用减去取得该土地使用权的原价后的余额为销售额，按照 5% 的征收率计算缴纳增值税；即转让 2016 年 4 月 30 日前取得的土地使用权，不区分一般纳税人还是小规模纳税人，不论是房地产企业还是非房地产企业，均可选择简易计税方法，并且可以差额纳税。当不选择差额纳税的，应当按取得的全部价款和价外费用按 3% 征收率计算增值税。

（2）房地产企业转让 2016 年 5 月 1 日后取得的土地使用权。《国家税务总局关于发布〈房地产开发企业销售自行开发的房地产项目增值税征收管理暂行办法〉的公告》（国家税务总局公告 2016 年第 18 号）规定，房地产开发企业中的一般纳税人销售自行开发的房地产项目时，适用一般计税方法计税，按照取得的全部价款和价外费用扣除当期销售房地产项目对应的土地价款后的余额计算销售额。房地产企业中的一般纳税人，2016 年 5 月 1 日后取得的土地使用权未在依法取得土地使用权的土地上进行基础设施和房屋建设，即将受让土地未进行开发而直接转让，应当按照转让无形资产缴纳增值税，不能从计税销售额中抵减土地价款。房地产企业中的小规模纳税人，转让 2016 年 5 月 1 日后取得土地使用权，以取得的全部价款和价外费用为销售额，按照 3% 的征收率计算应纳增值税税额。

（3）非房地产企业转让 2016 年 5 月 1 日后取得的土地使用权。非房地产企业的一般纳税人转让 2016 年 5 月 1 日以后取得的土地使用权或经建造房屋后销售，应当以取得的全部价款和价外费用为销售额（不得扣除土地价款），按照 9% 计算销项税额。非房地产企业纳税人的小规模纳税人转让 2016 年 5 月 1 日后取得土地使用权，以取得的全部价款和价外费用按照 3% 的征收率计算应纳税额。

3.1.4.2　城市维护建设税

《中华人民共和国城市维护建设税法》（2020 年 8 月 11 日第十三届全国人民代表大会常务委员会第二十一次会议通过）第 2 条规定："城市维护建设税以纳税人依法实际缴纳的增值税、消费税税额为计税依据。"城市维护建设税以在中华人民共和国境内缴纳增值税、消费税的单位和个人为纳税人。城市维护建设税按纳税人所在地不同实行差别税率，纳税人所在地为市区的，税率为 7%；县城、镇的，税率 5%；不在市区、县城和镇的，税率为 1%（见表 3–4）。

表 3–4　城市维护建设税缴纳标准

纳税人所在地	税率（%）
市区	7
县城、镇	5
不在市区、县城或者镇	1

3.1.4.3　教育费附加和地方教育附加

根据《征收教育费附加的暂行规定》（根据 2011 年 1 月 8 日《国务院关于废止和修改部分行政法规的决定》第三次修订），凡缴纳消费税、增值税的单位和个人，除按照规定缴纳农村教育事业费附加的单位外，都应当缴纳教育费附加。教育费附加以各单位和个人实际缴纳的增值税、消费税的税额为计征依据，教育费附加率为 3%，分别与增值税和消费税同时缴纳。《国务院关于进一步加大财政教育投入的意见》（国发〔2011〕22 号）指出，各省（区、市）人民政府应根据《中华人民共和国教育法》的相关规定和《关于统一地方教育附加政策有关问题的通知》（财综〔2010〕98

号）的要求，全面开征地方教育附加。地方教育附加统一按增值税、消费税实际缴纳税额的2%征收。

3.1.4.4 土地增值税

根据《中华人民共和国土地增值税暂行条例》（根据2011年1月8日《国务院关于废止和修改部分行政法规的决定》修订），土地增值税是对转让国有土地使用权、地上的建筑物及其附着物并取得收入的单位和个人征收的一种税。土地增值税的课税对象是有偿转让房地产所取得的增值额，增值额等于纳税人转让房地产所取得的收入减除规定扣除项目金额后的余额。纳税人转让房地产所取得的收入包括货币收入、实物收入和其他收入。计算增值额的扣除项目包括取得土地使用权时所支付的金额；土地开发成本、费用；新建房及配套设施的成本、费用，或旧房及建筑物的评估价格；与转让房地产有关的税金；财政部规定的其他扣除项目。计算土地增值额时还要根据土地开发利用状况不同分类处理，对取得土地或房产使用权后未进行开发即转让的、取得土地使用权后投入资金将生地变为熟地转让的、取得土地使用权后进行房地产开发建造的、转让旧房及建筑物的不同情形要注意扣除项的不同，关于不同开发利用状况的扣除项在《土地增值税宣传提纲》（国税函发〔1995〕110号）中有很清楚的界定。土地增值税实行四级超率累进税率，土地增值税税率见表3–5。

表3–5 土地增值税四级超率累进税率

级距	税率（%）	速算扣除系数（%）	应纳税额
增值额未超过扣除项目金额50%的部分	30	0	增值额 ×30%
增值额超过扣除项目金额50%，未超过扣除项目金额100%的部分	40	5	增值额 ×40%– 扣除项金额 ×5%
增值额超过扣除项目金额100%，未超过扣除项目金额200%的部分	50	15	增值额 ×50%– 扣除项金额 ×15%
增值额超过扣除项目金额200%的部分	60	35	增值额 ×60%– 扣除项金额 ×35%

3.1.4.5　印花税

《中华人民共和国印花税法》（2021 年 6 月 10 日第十三届全国人民代表大会常务委员会第二十九次会议通过）规定，在中华人民共和国境内书立应税凭证、进行证券交易的单位和个人，为印花税的纳税人。应税凭证是《中华人民共和国印花税法》所附《印花税税目税率表》列明的合同、产权转移书据和营业账簿。印花税的税率采用比例税率，印花税的应纳税额按照计税依据乘以适用税率计算。从 2022 年 7 月 1 日起，对土地使用权出让书据，土地使用权、房屋等建筑物和构筑物所有权转让书据（不包括土地承包经营权和土地经营权转移）征收印花税的税率为价款的万分之五。

3.2　不同用途土地抵押净值评估

3.2.1　住宅用地抵押净值评估

3.2.1.1　项目基本情况

××市××置业有限公司委托××省××房地产评估公司对其拥有的位于××市××区××路东侧、××街南侧、××路西侧、××街北侧的一宗国有建设用地使用权进行抵押价值评估。估价对象为××市××置业有限公司以出让方式取得，并于 2018 年 7 月 16 日签署了《国有建设用地使用权出让合同》，合同显示出让宗地面积为 52334.25 平方米，宗地用途为城镇住宅用地，建筑总面积不高于 104668.50 平方米、不低于 52334.25 平方米，建筑容积率不高于 2、不低于 1；建筑限高 40 米，建筑密度不高于 30%，绿地率不低于 30%；出让总价款为 196358106 元，单价 3752 元 / 平方米。2018 年 11 月 9 日办理国有建设用地登记手续，取得《不动产权证书》；并于 2018 年 8 月 15 日缴纳印花税 98179.1 元。

××省××房地产评估公司按照委托，安排执业土地估价师于 2018

年 12 月 11 日进行了实地查勘，至实地查勘之日，估价对象现状利用为空地，宗地外部“五通”，宗地内场地平整。在遵循相关法律、法规及相关估价准则和估价原则的基础上，估价师采用市场比较法和剩余法对估价对象于估价期日在 2018 年 12 月 11 日的国有建设用地使用权抵押价值进行评估，评估单价为 4465 元 / 平方米，评估总价为 23367.24 万元。设定抵押权人于估价期日 2018 年 12 月 11 日以司法处分方式实现抵押权，则其抵押净值可按以下方式测算：土地抵押净值 = 土地抵押价值 – 预期实现抵押权的费用 – 预期实现抵押权的税金。

3.2.1.2 预期实现土地抵押权的税金

转让土地使用权涉及的税金包括增值税、城市维护建设税、教育费附加和地方教育附加、土地增值税和印花税。

（1）增值税

《营业税改征增值税试点实施办法》等文件规定，房地产企业转让 2016 年 5 月 1 日后取得的土地使用权，适用一般计税方法计税，2016 年 5 月 1 日后取得的土地使用权未在依法取得土地使用权的土地上进行基础设施和房屋建设，即将受让土地未进行开发而直接转让的，应当按照转让无形资产缴纳增值税，不能从计税销售额中抵减土地价款。

增值税 =23367.24 ÷（1+10%）× 10%≈2124.29（万元）

（2）城市维护建设税

《中华人民共和国城市维护建设税暂行条例》（根据 2011 年 1 月 8 日《国务院关于废止和修改部分行政法规的决定》修订）规定，纳税人所在地在位于县城，城市维护建设税税率为 5%，则：

城市维护建设税 = 增值税 × 5%=2124.29 × 5%≈106.21（万元）

（3）教育费附加和地方教育附加

《征收教育费附加的暂行规定》（根据 2011 年 1 月 8 日《国务院关于

废止和修改部分行政法规的决定》修订）规定，教育费附加征收率为3%。根据《国务院关于进一步加大财政教育投入的意见》（国发〔2011〕22号）和《关于统一地方教育附加政策有关问题的通知》（财综〔2010〕98号）的要求，全面开征地方教育附加，地方教育附加统一按增值税、消费税实际缴纳税额的2%征收。则教育费附加和地方教育附加为：

教育费附加＝增值税 ×3%=2124.29×3%≈63.73（万元）

地方教育附加＝增值税 ×2%=2124.29×2%≈42.49（万元）

（4）印花税

按照《中华人民共和国印花税暂行条例》《财政部 国家税务总局关于印花税若干政策的通知》（财税〔2006〕162号）等文件的规定，从2006年11月27日起，对土地使用权出让合同、土地使用权转让合同按产权转移书据征收印花税，产权转移书据的税率为书据所载金额的万分之五。则：

印花税＝土地抵押价值 ×0.05%=23367.24×0.05%≈11.68（万元）

（5）土地增值税

《土地增值税宣传提纲》（国税函发〔1995〕110号）规定，对取得土地或房地产使用权后，未进行开发即转让的，计算其增值额时，只允许扣除取得土地使用权时支付的地价款、交纳的有关费用，以及在转让环节缴纳的税金。根据出让合同，取得土地使用权支付的地价款为19635.8106万元，缴纳的印花税为9.81791万元，转让环节的税费包括城市维护建设税、教育费附加和地方教育附加以及印花税，估价委托人未能提供土地购置时的契税完税证明，扣除项不包括土地购置时的契税，则土地增值税的扣除项为：

扣除项＝地价款＋印花税＋城市维护建设税＋教育费附加和地方教育附加=19635.8106+9.81791+106.21+63.73+42.49+11.68≈19869.74（万元）

增值额＝转让房地产所得额－扣除项=23367.24÷（1+10%）–19869.74≈1373.21（万元）

增值额占扣除项的比例为6.0%，不足50%，适用30%的税率，则土地增值税为：

土地增值税 =1373.21 × 30%≈411.96（万元）

（6）实现土地抵押权的税金

实现土地抵押权涉及的税金为以上前五项之和，即：

增值税 + 城市维护建设税 + 教育费附加和地方教育附加 + 印花税 + 土地增值税 =2124.29+106.21+63.73+42.49+11.68+411.96=2760.36（万元）

3.2.1.3 预期实现土地抵押权的费用

实现土地抵押权涉及的费用包括案件受理费、申请费和司法鉴定评估费，具体测算如下：

（1）案件受理费

根据《诉讼费用交纳办法》，财产案件根据诉讼请求的金额或者价额，按照比例分段累计交纳。本次估价按照抵押价值额度测算案件受理费，则案件受理费测算见表 3–6。

表 3–6 案件受理费测算

诉讼请求的金额或者价额	交纳标准（%）	分段取值(万元)	费用（万元）
超过 1 万元至 10 万元的部分	2.5	10	0.23
超过 10 万元至 20 万元的部分	2.0	10	0.20
超过 20 万元至 50 万元的部分	1.5	30	0.45
超过 50 万元至 100 万元的部分	1.0	50	0.50
超过 100 万元至 200 万元的部分	0.9	100	0.90
超过 200 万元至 500 万元的部分	0.8	300	2.40
超过 500 万元至 1000 万元的部分	0.7	500	3.50
超过 1000 万元至 2000 万元的部分	0.6	1000	6.00
超过 2000 万元的部分	0.5	21367.24	106.84
合计			121.02

（2）案件申请费

根据《诉讼费用交纳办法》的相关规定，执行金额或价额在本次估价中以抵押价值计，则案件申请费见表 3–7。

表 3–7　案件申请费测算

执行金额或者价额	交纳标准（%）	分段取值（万元）	费用（万元）
1 万 ~50 万元部分	1.5	50.00	0.74
50 万 ~500 万元部分	1	450.00	4.50
500 万 ~1000 万元部分	0.5	500.00	2.50
超过 1000 万元部分	0.1	22367.24	22.37
合计			30.11

（3）司法鉴定评估费

司法鉴定评估费按照人民法院委托评估收费标准计算，具体见表 3–8。

表 3–8　司法鉴定评估费测算

土地价格总额	收费标准（‰）	分段取值（万元）	费用（万元）
100 万元以下（含 100 万元）	4	100	0.40
101 万 ~200 万元部分	3	100	0.30
201 万 ~1000 万元部分	2	800	1.60
1001 万 ~2000 万元部分	1.5	1000	1.50
2001 万 ~5000 万元部分	0.8	3000	2.40
5001 万 ~10000 万元部分	0.4	5000	2.00
10000 万元以上部分	0.1	13367.24	1.34
合计			9.54

3.2.1.4　土地抵押净值评估结果

土地抵押净值为抵押价值减去预期实现抵押权的费用和税金后的价

值，则：

抵押净值 = 抵押价值 – 预期实现抵押权的费用 – 预期实现抵押权的税金 =23367.24–160.67–2760.36=20446.21（万元）

抵押净值率 =20446.21 ÷ 23367.24≈87.50%。

估价对象抵押净值评估结果见表 3–9。

表 3–9　估价对象抵押净值评估结果

项目	测算方法	金额（万元）
评估价值		23367.24
（一）相关税费	（一）=（1）+（2）+（3）+（4）+（5）	2760.36
（1）增值税	评估价值 ÷（1+10%）× 10%	2124.29
（2）城市维护建设税	（1）× 5%	106.21
（3）教育费附加和地方教育附加	（1）× 3%+（1）× 2%	106.22
（4）印花税	评估价值 × 0.05%	11.68
（5）土地增值税	四级超额累进税率	411.96
（二）相关费用	（二）=（6）+（7）+（8）	160.67
（6）案件受理费	分段累计	121.02
（7）申请费	分段累计	30.11
（8）司法鉴定评估费	分段累计	9.54
（三）抵押净值	评估价值 –（一）–（二）	20446.21
（四）抵押净值率	抵押净值 / 评估价值	87.50%

3.2.2　商业用地抵押净值评估

3.2.2.1　项目基本情况

×× 市 ×× 建设发展有限公司为抵押贷款需要，委托 ×× 省 ×× 房地产评估公司对其拥有的位于 ×× 市 ×××× 环路北、×× 街西的一宗国有建设用地使用权进行抵押价值评估。估价对象为 ×× 市 ×× 建设发展有限公司以出让方式取得，并于2017年12月29日签署了《国有建设用地使用权出让合同》，合同显示出让宗地面积为11175.12平方米，宗地用途为住宿餐饮用地，建筑总面积小于69285.744平方米；建筑容积率小于6.2；建筑高度不高于100米，建筑密度小于60%，合同出让总价款为19500万元，单价17449.47元/平方米。于2018年3月23日办理国有建设用地使用权登记手续，取得《不动产权证书》。

××省××房地产评估公司按照委托，安排执业土地估价师于2019年10月11日进行了实地查勘，至实地查勘之日，估价对象现状利用为空地，宗地外部“五通”，宗地内场地平整。在遵循相关法律、法规及相关估价准则标准和估价原则的基础上，土地估价师采用基准地价系数修正法和剩余法对估价对象于估价期日在2019年10月11日的国有建设用地使用权抵押价值进行评估，评估单价为26089元/平方米，评估总价为29154.77万元。设定抵押权人于估价期日2019年10月11日以司法处分方式实现抵押权，则其抵押净值可按以下方式测算：土地抵押净值=土地抵押价值－预期实现抵押权的费用－预期实现抵押权的税金。

3.2.2.2 预期实现土地抵押权的税金

转让土地使用权涉及的税金包括增值税、城市维护建设税、教育费附加和地方教育附加、土地增值税和印花税。

（1）增值税

根据《营业税改征增值税试点实施办法》和《关于深化增值税改革有关政策公告》等文件规定，房地产企业转让2016年5月1日后取得的土地使用权，适用一般计税方法计税，2016年5月1日后取得的土地使用权未在依法取得土地使用权的土地上进行基础设施和房屋建设，即将受让土地未进行开发而直接转让，应当按照转让无形资产缴纳增值税，不能从计税销售额中抵减土地价款。

增值税=29154.77÷（1+9%）×9%≈2407.27（万元）

（2）城市维护建设税

根据《中华人民共和国城市维护建设税暂行条例》，纳税人所在地位于市区，城市维护建设税税率为7%，则：

城市维护建设税 = 增值税 ×7%=2407.27×7%≈168.51（万元）

（3）教育费附加和地方教育附加

《征收教育费附加的暂行规定》规定，教育费附加征收率为3%。《国务院关于进一步加大财政教育投入的意见》《关于统一地方教育附加政策有关问题的通知》要求，全面开征地方教育附加，地方教育附加统一按增值税、消费税实际缴纳税额的2%征收，则：

教育费附加 = 增值税 ×3%=2407.27×3%≈72.22（万元）

地方教育附加 = 增值税 ×2%=2407.27×2%≈48.15（万元）

（4）印花税

《中华人民共和国印花税暂行条例》《关于印花税若干政策的通知》等文件规定，从2006年11月27日起，对土地使用权出让合同、土地使用权转让合同按产权转移书据征收印花税，产权转移书据的印花税率为书据所载金额的万分之五。则印花税为：

印花税 = 土地抵押价值 ×0.05%=29154.77×0.05%≈14.58（万元）

（5）土地增值税

《土地增值税宣传提纲》规定，对取得土地或房地产使用权后，未进行开发即转让的，计算其增值额时，只允许扣除取得土地使用权时支付的地价款、交纳的有关费用，以及在转让环节缴纳的税金。根据出让合同，取得土地使用权支付的地价款为19500万元，估价委托人未能提供土地购置时的契税、印花税的完税证明，扣除项不包括土地购置时的契税和印花税，转让环节的税费包括城市维护建设税、教育费附加和地方教育附加以及印花税，则土地增值税的扣除项为：

扣除项 = 地价款 + 城市维护建设税 + 教育费附加和地方教育附加 + 印

花税 =19500+168.51+72.22+48.15+14.58=19803.46（万元）

增值额 = 转让房地产所得额 – 扣除项 =29154.77 ÷（1+9%）–19803.46≈6944.04（万元）

增值额占扣除项的比例为 35%，不足 50%，适用 30% 的税率，则土地增值税为：

土地增值税 =6944.04 × 30%≈2083.21（万元）

（6）实现土地抵押权的税金

实现土地抵押权的税金为以上前五项之和，即：

增值税 + 城市维护建设税 + 教育费附加和地方教育附加 + 印花税 + 土地增值税 =2407.27+168.51+72.22+48.15+14.58+2083.21=4793.73（万元）

3.2.2.3　预期实现土地抵押权的费用

实现土地抵押权的费用包括案件受理费、申请费和司法鉴定评估费，具体测算如下。

（1）案件受理费

根据《诉讼费用交纳办法》，财产案件根据诉讼请求的金额或者价额，按照比例分段累计交纳。本次估价按照抵押价值额度测算案件受理费，案件受理费测算见表 3–10。

表 3–10　案件受理费测算

诉讼请求的金额或者价额	交纳标准（%）	分段取值（万元）	费用（万元）
1 万 ~10 万元部分	2.5	10	0.23
10 万 ~20 万元部分	2.0	10	0.20
20 万 ~50 万元部分	1.5	30	0.45
50 万 ~100 万元部分	1.0	50	0.50
100 万 ~200 万元部分	0.9	100	0.90
200 万 ~500 万元部分	0.8	300	2.40

续表

诉讼请求的金额或者价额	交纳标准（%）	分段取值（万元）	费用（万元）
500 万 ~1000 万元部分	0.7	500	3.50
1000 万 ~2000 万元部分	0.6	1000	6.00
2000 万元部分	0.5	27154.77	135.77
合计			149.95

（2）案件申请费

根据《诉讼费用交纳办法》的相关规定，执行金额或价额在本次估价中以抵押价值计，则案件申请费见表 3–11。

表 3–11　案件申请费测算

执行金额或者价额	收费标准（%）	分段取值（万元）	费用（万元）
1 万 ~50 万元部分	1.5	50.00	0.74
50 万 ~500 万元部分	1	450.00	4.50
500 万 ~1000 万元部分	0.5	500.00	2.50
超过 1000 万元部分	0.1	28154.77	28.15
合计			35.89

（3）司法鉴定评估费

司法鉴定评估费按照人民法院委托评估收费标准计算，具体见表 3–12。

表 3–12　司法鉴定评估费测算

土地价格总额	收费标准（‰）	分段取值（万元）	费用（万元）
100 万元以下（含 100 万元）	4	100	0.40
101 万 ~200 万元部分	3	100	0.30
201 万 ~1000 万元部分	2	800	1.60

续表

土地价格总额	收费标准（‰）	分段取值（万元）	费用（万元）
1001 万 ~2000 万元部分	1.5	1000	1.50
2001 万 ~5000 万元部分	0.8	3000	2.40
5001 万 ~10000 万元部分	0.4	5000	2.00
10000 万元以上部分	0.1	19154.77	1.92
合计			10.12

3.2.2.4　土地抵押净值评估结果

土地抵押净值为抵押价值减去预期实现抵押权的费用和税金，则估价对象抵押净值为：

抵押净值 = 抵押价值 – 预期实现抵押权的费用 – 预期实现抵押权的税金 =29154.77–195.96–4793.73=24165.08（万元）

抵押净值率 =24165.08 ÷ 29154.77≈82.89%。

估价对象抵押净值评估结果见表 3–13。

表 3–13　估价对象抵押净值评估结果

项目	测算方法	金额（万元）
评估价值		29154.77
（一）相关税费	（一）=（1）+（2）+（3）+（4）+（5）	4793.73
（1）增值税	评估价值 ÷（1+9%）×9%	2407.27
（2）城市维护建设税	（1）×7%	168.51
（3）教育费附加和地方教育附加	（1）×3%+（1）×2%	120.37
（4）印花税	评估价值 ×0.05%	14.58
（5）土地增值税	四级超额累进税率	2083.21
（二）相关费用	（二）=（6）+（7）+（8）	195.96
（6）案件受理费	分段累计	149.95

续表

项目	测算方法	金额（万元）
（7）申请费	分段累计	35.89
（8）司法鉴定评估费	分段累计	10.12
（三）抵押净值	评估价值 –（一）–（二）	24165.08
（四）抵押净值率	抵押净值 / 评估价值	82.89%

3.2.3　工业用地抵押净值评估

3.2.3.1　项目基本情况

××市××制药有限公司为抵押贷款需要，委托××省××房地产评估公司对其拥有的位于××市××路东侧、××路南侧的一宗国有建设用地使用权进行抵押价值评估。估价对象为××市××制药有限公司以出让方式取得，并于2014年2月24日与××市国土资源局签署了《国有建设用地使用权出让合同》，合同显示出让宗地面积为33744平方米，宗地用途为工业用地，合同出让总价款为805万元，单价238.56元/平方米。于2014年5月29日办理国有建设用地登记手续，取得《国有土地使用证》。

××省××房地产评估公司按照委托，安排执业土地估价师于2019年8月21日进行了实地查勘，至实地查勘之日，估价对象现状建有办公楼、宿舍楼、工业厂房、仓库等建筑物，宗地外部“六通”，宗地内场地平整。在遵循相关法律、法规以及相关估价准则和估价原则的基础上，土地估价师采用市场比较法和成本逼近法对估价对象于估价期日在2019年8月21日的国有建设用地使用权抵押价值进行评估，评估单价为361元/平方米，评估总价为1204.23万元。设定抵押权人于估价期日2019年8月21日以司法处分方式实现抵押权，则其抵押净值可按以下方式测算：土地抵押净值＝土地抵押价值－预期实现抵押权的费用－预期实现抵押权的税金。

3.2.3.2 预期实现土地抵押权的税金

转让土地使用权涉及的税金包括增值税、城市维护建设税、教育费附加和地方教育附加、土地增值税和印花税。

（1）增值税

《财政部 国家税务总局关于进一步明确全面推开营改增试点有关劳务派遣服务、收费公路通行费抵扣等政策的通知》规定，纳税人转让2016年4月30日前取得的土地使用权，可以选择简易计税方法，以取得的全部价款和价外费用减去取得该土地使用权的原价后的余额为销售额，按照5%的征收率计算缴纳：

$$增值税=（1204.23-805）÷（1+5\%）×5\%≈19.01（万元）$$

（2）城市维护建设税

《中华人民共和国城市维护建设税暂行条例》规定，纳税人所在地位于县城，城市维护建设税税率为5%，则城市维护建设税为：

$$城市维护建设税=增值税×5\%=19.01×5\%≈0.95（万元）$$

（3）教育费附加和地方教育附加

《征收教育费附加的暂行规定》规定，教育费附加征收率为3%。根据《国务院关于进一步加大财政教育投入的意见》《关于统一地方教育附加政策有关问题的通知》要求，全面开征地方教育附加，地方教育附加统一按增值税、消费税实际缴纳税额的2%征收。则教育费附加和地方教育附加为：

$$教育费附加=增值税×3\%=19.01×3\%≈0.57（万元）$$

$$地方教育附加=增值税×2\%=19.01×2\%≈0.38（万元）$$

（4）印花税

《中华人民共和国印花税暂行条例》《关于印花税若干政策的通知》等

文件规定，从 2006 年 11 月 27 日起，对土地使用权出让合同、土地使用权转让合同按产权转移书据征收印花税，产权转移书据的税率为书据所载金额的万分之五。则印花税为：

印花税 = 土地抵押价值 ×0.05%=1204.23×0.05%≈0.6（万元）

（5）土地增值税

根据《中华人民共和国土地增值税暂行条例》，对取得土地使用权后投入资金，将生地变为熟地转让的，计算其增值额时，允许扣除取得土地使用权时支付的地价款、交纳的有关费用和开发土地所需成本再加计开发成本的 20%，以及在转让环节缴纳的税金。根据出让合同，取得土地使用权支付的地价款为 805 万元，估价委托人未能提供土地购置时的契税、印花税的完税证明以及土地开发成本有关证明，扣除项则不包括土地购置时的契税、印花税和土地开发成本，转让环节的税费包括城市维护建设税、教育费附加和地方教育附加以及印花税，则：

扣除项 = 地价款 + 城市维护建设税 + 教育费附加和地方教育附加 + 印花税 =805+0.95+0.57+0.38+0.6=807.5（万元）

增值额 = 转让房地产所得额 – 扣除项 =1204.23÷（1+5%）–807.5≈339.39（万元）

增值额占扣除项的比例为 42%，不足 50%，适用 30% 的税率，则土地增值税为：

土地增值税 =339.39×30%≈102（万元）

（6）实现土地抵押权的税金

实现土地抵押权的税金为以上前五项之和，则：

增值税 + 城市维护建设税 + 教育费附加和地方教育附加 + 印花税 + 土地增值税 =19.01+0.95+0.57+0.38+0.6+102=123.51（万元）

3.2.3.3 预期实现土地抵押权的费用

实现土地抵押权涉及的费用包括案件受理费、申请费和司法鉴定评估费三个方面，具体测算如下。

（1）案件受理费

根据《诉讼费用交纳办法》，财产案件根据诉讼请求的金额或者价额，按照比例分段累计交纳。本次估价按照抵押价值额度测算案件受理费，则案件受理费测算见表 3–14。

表 3–14　案件受理费测算表

土地价格总额	交纳标准（%）	取值区间（万元）	费用（万元）
1 万 ~10 万元部分	2.5	10	0.23
10 万 ~20 万元部分	2.0	10	0.20
20 万 ~50 万元部分	1.5	30	0.45
50 万 ~100 万元部分	1.0	50	0.50
100 万 ~200 万元部分	0.9	100	0.90
200 万 ~500 万元部分	0.8	300	2.40
500 万 ~1000 万元部分	0.7	500	3.50
1000 万 ~2000 万元部分	0.6	204.23	1.23
超过 2000 万元部分	0.5		
合计			9.41

（2）申请费

按照《诉讼费用交纳办法》规定，本次估价执行金额为抵押价值，则案件申请费见表 3–15。

表 3–15　案件申请费测算表

土地价格总额	收费标准（%）	取值区间（万元）	费用（万元）
1 万 ~50 万元部分	1.5	50.00	0.74
50 万 ~500 万元部分	1	450.00	4.50
500 万 ~1000 万元部分	0.5	500.00	2.50
超过 1000 万元的部分	0.1	204.23	0.20
合计			7.94

（3）司法鉴定评估费

司法鉴定评估费按照人民法院委托评估收费标准计算：

表 3–16　司法鉴定评估费测算表

土地价格总额	收费标准（‰）	取值区间（万元）	费用（万元）
100 万元以下（含 100 万元）	4	100	0.40
101 万 ~200 万元部分	3	100	0.30
201 万 ~1000 万元部分	2	800	1.60
1001 万 ~2000 万元部分	1.5	204.23	0.31
2001 万 ~5000 万元部分	0.8		
5001 万 ~10000 万元部分	0.4		
10000 万元以上部分	0.1		
合计			2.61

3.2.3.4　土地抵押净值评估结果

土地抵押净值为抵押价值减去实现抵押权涉及的费用和税金，则估价对象抵押净值为：

抵押净值 = 抵押价值 – 预期实现抵押权的费用 – 预期实现抵押权的税金 =1204.23–19.96–123.51=1060.76（万元）

抵押净值率 =1060.76 ÷ 1204.23=88.09%。

估价对象抵押净值评估结果见表 3–17。

表 3–17　估价对象抵押净值评估结果

项目	测算方法	金额(万元)
评估价值		1204.23
（一）相关税费	（一）=（1）+（2）+（3）+（4）+（5）	123.51
（1）增值税	（评估价值 – 购置原价）÷（1+5%）×5%	19.01
（2）城市维护建设税	（1）×5%	0.95

续表

项目	测算方法	金额（万元）
（3）教育费附加和地方教育附加	（1）×3%+（1）×2%	0.95
（4）印花税	评估价值 ×0.05%	0.60
（5）土地增值税	四级超额累进税率	102
（二）相关费用	（二）=（6）+（7）+（8）	19.96
（6）案件受理费	分段累计	9.41
（7）申请费	分段累计	7.94
（8）司法鉴定评估费	分段累计	2.61
（三）抵押净值	评估价值 –（一）–（二）	1060.76
（四）抵押净值率	抵押净值 / 评估价值	88.09%

3.3 抵押净值评估应注意的问题

3.3.1 抵押净值与快速变现价值的区别

快速变现价值是估价对象在没有充足的时间进行营销的情况下实现的价值。抵押物变现价值是指抵押物处置时所能实现的价值，在法院强制执行、采用拍卖方式处置抵押物的情况下，变现价值就是拍卖成交价，快速变现价值包含交易费用、税金和法定优先受偿款等。变现价值的高低取决于变现能力的强弱，主要反映在变现时间的长短和变现的折扣程度方面。如果某个抵押物变现时间短、变现折扣高则认为该抵押物的变现能力强。

3.3.2 土地抵押净值不是一个固定比例

土地抵押净值测算时涉及的扣除项中，案件受理费、申请费、司法鉴定评估费、土地增值税的税率均为分段累进税率，税费额度与土地抵押权实现时的抵押价值额度相关。城市维护建设税的征收与纳税人所在地的行政级别相关。由此可以看出，土地抵押净值不是一个固定的比率，抵押净值的比率与抵押价值的额度、相关税费的分段累进率，以及纳税人所在地有关。

3.3.3 关于土地增值税的扣除项问题

土地增值税的扣除项比较复杂，包括取得土地使用权时所支付的金额，土地开发成本、费用，建房及配套设施的成本、费用，或者旧房及建筑物的评估价格，与转让房地产有关的税金，财政部规定的其他扣除项目等。尤其是对于存在建筑物的土地或者正在开发建设中的土地，土地开发成本、费用，建筑物及配套设施的成本、费用的确定难度较大，需要土地估价师在实地查勘时尽可能详细地收集相关的信息和资料以及会计核算数据等。

3.3.4 关于企业所得税的扣除问题

企业所得税以中国境内的企业和其他取得收入的组织为纳税人。企业所得税以每一纳税年度的收入总额减除不征税收入、免税收入、各项扣除以及允许弥补的以前年度的亏损后的余额为应纳税所得额。虽然转让土地使用权所得收入可能会包含企业所得税的部分应纳税所得额，但是由于企业所得税以企业年度应纳税所得额为核算基础，所以转让土地使用权单个项目的企业所得税难以准确地核算，但是这要在土地估价结果中给予指出并同时在土地估价报告的需要特殊说明的事项中给予说明。

本章依据相关法律、法规、标准和相关文件提出了土地抵押净值的评估思路，对预期实现抵押权的费用和税金的构成和标准给予了说明，指出了在抵押净值评估过程中应注意的问题，以期为土地估价机构在处理相关业务时提供有效的参考。但需要指出的是，前述关于土地抵押净值测算的案例都较为特殊，不能代表土地抵押净值评估的一般情况，尤其是预期实现抵押权的税金，包括增值税和土地增值税等需要结合项目具体情况加以分析，明确区分新老项目、一般和小规模纳税人、土地利用现状等对相关税费测算的影响，同时还要密切跟踪相关税费政策的变化，不能一概而论。

4 县域标定地价中标准宗地的设立及流程

4.1 标定地价及评估技术路线

4.1.1 标定地价及其发展历程

标定地价的概念国内最早出现在 1994 年 7 月 5 日全国人民代表大会常务委员会颁布的《中华人民共和国城市房地产管理法》中，2019 年 8 月 26 日第三次修订的《中华人民共和国城市房地产管理法》规定：基准地价、标定地价和各类房屋的重置价格应当定期确定并公布。《城镇土地估价规程》指出："标定地价是政府为管理需要确定的，标准宗地在现状开发利用、正常市场条件下，某一估价期日法定最高使用年期下的土地权利价格。"标准宗地是在标定区域内，土地条件、土地利用状况等特征具有代表性，且利用状况相对稳定，地价水平能够起示范和比较标准作用的宗地。标准宗地按照用途分类至少包括商服标准宗地、住宅标准宗地和工业标准宗地等。

标定地价是公示地价体系的重要组成部分，是我国土地市场建设、管理和调控的重要支撑，是推动政府建立更加科学定价机制的有力工具，在深化土地有偿使用制度改革、规范土地市场秩序、引导和调控土地价格走势等方面发挥重要作用。2001 年 4 月 30 日，国务院发布《关于加强国有土地资产管理的通知》(国发〔2001〕15 号)，要求市、县人民政府要依法定期确定、公布当地的基准地价和标定地价，切实加强地价管理。2001 年，《关于改革土地估价结果确认和土地资产处置审批办法的通知》规定，市、县人民政府土地行政主管部门要定期确定公布当地的基准地价和标定地价，并提供地价查询服务，为社会和企业认定估价结果提供参考依据。2012 年，国土资源部办公厅发布《关于做好 2012 年城市土地价格调查与监测工作的通知》，提出在上海、长沙、唐山等城市开展标定地价公示试点。2017 年 7 月，国土资源部办公厅发布《关于加强公示地价体系建设和管理有关问题的通知》（国土资厅发〔2017〕27 号），提出自 2018 年开始，各市、县国土资源主管部门，要全面启动城镇标定地价体系建设，有条件的地区，标定地价体系可逐步扩展到农村集体建设用地。2017 年 12 月，《标定地价规程》的发布填补了我国标定地价技术方法领域的空白。2018 年 3 月，我国首例标定地价成果重庆市江津区标定地价在政府门户网站公示，标志着新时期地价体系建设与地价管理工作迎来新变化。近年来，自然资源部相继发布《关于部署开展 2019 年度自然资源评价评估工作的通知》（自然资办发〔2019〕36 号）和《关于部署开展 2020 年度自然资源评价评估工作的通知》（自然资办发〔2020〕23 号），要求全面实现城镇标定地价公示，各省级自然资源主管部门要组织本行政区域内所有市（县）启动城镇标定地价公示工作，各地要在 2020 年 12 月 31 日前完成并公布实施标定地价，自此，标定地价建设工作真正进入正常化、持续化的轨道上来。广州、深圳等地相继发布标定地价体系相关成果，河南省自然资源厅也要求全省各市、县要依照《标定地价规程》借鉴重庆市江津区标定地价建设经验，全面启动城镇标定地价建设工作，按照工作要求全省各市、县相继开展城镇标定地价评估工作。我国标定地价制度建设发展历程见表 4–1。

表 4–1　我国标定地价制度建设发展历程

发展阶段	时间	事件
标定地价提出阶段	1994 年	颁布《中华人民共和国城市房地产管理法》，提出了标定地价的概念，要建立标定地价并按一定时期公示
	2001 年	颁布相关通知，再次提出要公示标定地价，且能够进行查询
标定地价试点阶段	2012 年	国土资源部明确提出要建立标定地价公示试点城市，如长沙、上海、唐山等城市
	2014 年	国土资源部在武汉、西安、珠海、太原等城市设立标定地价公示试点，深化总结之前的试点经验

续表

发展阶段	时间	事件
标定地价试点阶段	2017 年	国土资源部发布通知，推动促进标定地价公示，在重庆和深圳设立示范项目
标定地价全面启动阶段	2017 年	发布《标定地价规程》，自 2018 年 3 月 1 日开始实施
	2018 年	启动全国部署
	2019 年	自然资源部印发通知，督促标定地价的公布实施
	2020 年	自然资源部再次印发通知，全国范围内启动标定地价建设，确保在 2020 年 12 月 31 日之前完工

资料来源：陈岚风，汤江龙，尧羽菲．区域标定地价的建设及其关键问题研究［J］．国土资源情报，2021（12）：86–93.

4.1.2　标定地价评估技术路线

根据《标定地价规程》（TD/T 1052—2017），标定地价评估的程序为：①确定各用途标定地价的公示范围；②在明确土地级别或均质地域的基础上划分标定区域；③设立标准宗地，并采集初始信息；④评估标准宗地的标定地价；⑤确定标定地价；⑥发布标定地价及相关信息；形成区域内土地市场的正常价值参考。

4.1.2.1　确定标定地价公示范围

公示范围划定应以行政辖区为基础，根据市场发育和政府的服务监管需求灵活确定；宜覆盖建成区、开发区，逐步拓展至近期城镇规划建设区及农村集体土地市场发育较好的乡镇。各类标定地价公示范围的划定宜考虑土地权属及利用现状，相关规划空间分布特征；各类标定地价公示范围可叠置。工业用地标定地价公示范围应以开发区、集中区为主导划定。

4.1.2.2　划定标定区域

划定标定区域除要遵循均质性、管理便利和宗地完整等原则外，还要坚持区域内部聚合度高、区划可操作性强、分用途进行标定区域划分、区域外部之间的差异性明显且内部概括性强等。在已有土地级别或均质地域的基础上，结合地质地貌、水土条件、土地利用和市场发育程度等采用多因素综合评价法、地价水平归纳法、叠加法和专家评判法等一种或多种方法相结合初步划分标定区域，并经实地核查进行综合平衡与局部调整。在已建立地价动态监测体系的地区，标定区域的划定宜参照具有较好现势性的地价区段。标定区域的分界线，宜采用河流、沟渠、道路、堤坝等线状地物，产业、商业商务区、成片住宅等的规划或现状范围边界，行政区划界限以及有明显标志的权属界限等。

4.1.2.3 设立标准宗地

标准宗地的设立是标定地价建设工作的重中之重，标定地价不但要考虑标准宗地的数量和空间分布，还要使标准宗地的类型满足地价公示的基本要求。在确立的标定区域内，在遵循代表性、确定性和标识性原则的基础上，选择土地利用状况相对稳定且土地价值比较有代表性的宗地确定为标准宗地。在程序上依次通过初步选取、实地核查、确定宗地和编码登记等步骤设立标准宗地。标准宗地的土地用途及其实际利用方式应与所在标定区域的主导用途、普遍利用方式一致，对标定区域的地价具有示范性和代表性且相对稳定，地价水平要能够起到比较标准的示范作用，反映其所在标定区域的客观状况。

4.1.2.4 标定地价评估

标定地价评估首先要明确地价内涵，包括设定估价期日、权利特征、价格类型、土地利用现状、使用年期、市场特征等。除了要遵循土地估价的基本技术原则外，还要坚持公开市场原则、价值主导原则和审慎原则，结合标准宗地的区域特征和个别因素等，选择适宜的估价方法评估标准宗地的价格。标定地价系数修正法不能应用于评估标定地价，原则上不宜使用基准地价系数修正法评估标定地价，确需使用的，另一种方法慎用成本逼近法。

4.1.2.5　标定地价的确定

标准宗地的价格应由两名土地估价专业评估师分别独立负责评估，依据两名评估师的评估结果，提出标定地价建议值。市、县国土资源主管部门组织对初步提出的标定地价建议值进行审议和确定，对价格异常的标准宗地重点核查并提出处理意见。标定地价的确定过程及结果应予以记录。

在开展市、县标定地价项目的过程中发现，标准宗地的设立是标定地价体系建设过程中最关键的问题。《标定地价规程》规定，标准宗地的土地用途以证载用途为准，现状开发利用应符合法律、法规及相关规划的要求，地上物的实际用途与土地用途原则上应保持一致。但实际执行的过程中发现，由于地方土地市场的状况及历史原因，经常会发生一些标定区域内地上物的实际用途与土地证所载用途不一致、单一用途的土地较少而综合用途土地较多或宗地评估资料不足等问题，为地方标定地价体系建设增加了不少困难。

4.2　县域标准宗地设立的基本思路

早在 20 世纪 60 年代，美国、英国、日本等国政府就围绕城市地价体系、标准宗地及公示地价指数体系建设的原理、方法和可行性方案等问题开展了公示地价空间组织专项研究。我国台湾地区于 1964 年修订并实施了《都市平均地权条例》，较早建立了标准宗地制度。随着我国土地市场日益发展，各地政府都需要制定相应的指导价以调控过快上涨的房价和地价，国内关于标定地价的理论与实践主要集中在标定地价体系建设的技术流程、标准宗地设立方法、标定地价评估和标定地价修正体系的编制等方面。

标定地价评估的工作重点是将公示范围划分为若干个相对较小的、土地利用状况及地价水平接近的标定区域，然后在标定区域内设立具有代表性的某一宗地作为标准宗地并评估该宗地在正常市场条件下的价格。标准宗地的设立是标定地价评估的关键环节。本书结合国内外已有相关研究和笔者的评估团队开展县级标定地价项目的实践经验，针对县域城镇建设用地标定地价体系建设过程遇到的困难，聚焦标准宗地设立问题，分析了县域城镇建设用地标准宗地设立的难点、设立原则、设立标准和设立流程。

4.2.1 县域标准宗地设立的难点

4.2.1.1 县域土地市场发育不够成熟

根据《自然资源部办公厅关于部署开展2019年度自然资源评价评估工作的通知》文件，全国开展地价动态监测的城市有105个，河南省开展地价动态监测的城市有6个。县域大都没有开展地价动态监测，县域标定地价体系建设过程中，把符合条件的地价监测点纳入标准宗地的思路难以实现。中西部地区县城土地和房地产市场发育还不够成熟，尤其是老城区多以自建民房为主，有些年久的住宅不动产登记信息也难以查证，存量商品房住宅小区一般都比较少，这给标准宗地设立工作增加了不少难度。

4.2.1.2 县域建设用地混合用途较多

在县域范围内县城中心区和乡镇镇区单一用途的土地类型是比较少的，大多是多种用途的混合利用，住宅用地往往是住宅兼容商业用地。县城中心区商业服务业主要服务于县城和周边乡镇村居民，商业服务业层次比较低，主要以临街商铺和住宅底商为主，单一用途的商服用地交易案例比较少。根据《标定地价规程》，商服标准宗地的选取范围包括现状的批发零售用地、住宿餐饮用地、商务金融用地与其他商服用地。这就为县城中心区商业标准宗地的设立增加了不少难度。尤其是在乡镇镇区，对于中西部地区，乡镇镇区大多是沿国省干道呈条带状发育，商业业态大多是沿国、省干道两侧的临街商铺，土地权属和法定用途也难以确定，标准宗地设定难度较大。

4.2.1.3　标定地价评估基础资料不够完备

缺少标定地价评估和标准宗地设立的重要资料，有的县市尚未制定和发布完整的中心城区控制性详细规划，没有近期土地供应计划，导致难以判断区域近期发展的空间导向，也难以开展近期建设范围内标准宗地的设立和价格评估。在县域层面上，还经常存在宗地实际开发利用与规划利用条件不一致的情况，诸如，超建或未达到规划建设条件，未供即用、未批先建、规划建设手续不全等现象经常存在，混合用途建设用地中各用途的比例在规划中不够明确等，这些问题都给标准宗地的设立带来不小的难度。

4.2.2　县域标准宗地设立的标准

根据《标定地价规程》，标准宗地是在标定区域内，土地条件、土地利用状况等特征具有代表性，且利用状况相对稳定，地价水平能够起示范和比较标准作用的宗地。标准宗地设立要遵循代表性、确定性、标识性等原则，在此基础上，本书提出县域标准宗地的设立需符合以下几个标准。

4.2.2.1　标准宗地要具备合法合规性

标准宗地首先要合法、合规，合法是指设立的标准宗地要具有合法权益，主要是合法产权，合法权属应以不动产权证、权属登记和其他合法证件为依据。合规是指设定的标准宗地的开发利用应符合城乡规划设计的要求、限制，以及相关法律、法规及政策对土地利用的管制等，地上建筑物的权属用途应与土地的权属用途保持一致。

4.2.2.2　标准宗地用途要有主导性

标准宗地的用途应与所在标定区域类型的主导用途保持一致，标准宗地的用途以证载用途为准，新供应土地未办理权属登记的以规划用途为准。住宅标定区域内所设标准宗地的用途应是商品住宅，住宅类型要以普通住宅为主，如果选择保障性住宅用地、低密高档住宅用地或高档公寓用地作为标准宗地，则要慎重考察其是否为该标定区域的主要用地类型。县城中心区还存在较多自建房，难以确定土地用途是出让、划拨国有建设用地，还是集体宅基地的情况；商品住宅小区较少或规模比较小的情况；或者土地用途为住宅兼容商业，而非单一住宅用途类型的情况等。这些情况都需要在标准宗地设立时给予慎重的核实。

4.2.2.3 标准宗地利用状况要有代表性

代表性是标准宗地最重要的特征，标准宗地分布于各标定区域内能够反映所在均质区片的土地级别、质量、利用方式、利用效益、土地价格的平均状况和整体水平。实际利用方式应与所在标定区域普遍利用方式保持一致，也就是说标准宗地的利用条件（地质条件）、利用状况（深度、宽度、形状、建筑类型）、开发程度（基础设施状况）和地价水平等在标定区域内都能起到示范和表征作用。标准宗地要满足使用状况保持稳定，标准宗地的土地条件、土地利用状况及周围土地利用条件都比较稳定，处于最高最佳利用状态，能够持续使用或获得收益，在较长时间内不会在使用上改变用途、分割、合并或改造建设等。

4.2.2.4 标准宗地空间分布注重均衡性

标准宗地的设立在空间上应尽量均衡合理，能代表公示范围内各标定区域的主导用途和一般利用情况，同时又体现出与其他标定区域的差异性。在具体项目开展的过程中，标准宗地的设立一般选择标定区域中心位置的地块做标准宗地，使其影响范围能够大致覆盖整个标定区域，能够全面反映其所在标定区域内的地价水平。

4.3 县域标准宗地的设立流程与实践

《标定地价规程》规定，标准宗地设立的基本程序是建立备选样点资料库初步选取；实地核查备选宗地不动产权登记信息、土地利用现状、周边环境和不动产价格水平；通过内业备选和外业核查相结合的方式确定标准宗地。作者结合实际工作发现，在县域范围内，尤其是老城区建成年代较为久远，在地籍调查、不动产登记台账等资料方面相当缺乏，难以支撑备选标准宗地样点资料库的建立。在作者主持完成的河南省豫东某县标定地价建设项目的实际工作中，项目工作团队探索了一种适合县城及其他小城镇标准宗地设立的工作方案，其基本工作流程为：外业预选→信息查阅→初步预设→实地核查→确定标准宗地（图 4–1）。

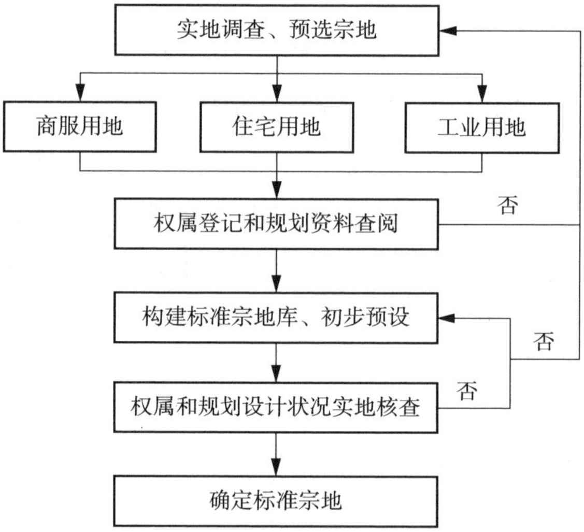

图 4–1 标准宗地设立技术流程

4.3.1 外业预选

根据初步划定的标定区域，按标定区域深入现场，以全覆盖的方式实地调查，收集标定区域内能代表该标定区域土地开发利用现状一般特征的多个地块作为预选宗地，在标定区域图上做好定位，记录住宅小区、商业类型或工业企业的位置、名称、建设状况和临街状况等基本信息，拍摄预选宗地照片，构建预选宗地信息库。结合商服、住宅、工业等各地类标定区域的划分，以实际用途为准，每个标定区域内尽可能收集多宗预选宗地，以便查阅预选宗地的权属信息和规划设计资料之后，在初步预设标准宗地的时候可选择的范围较大，由于项目区所处的县城经济发展水平一般，单纯的商业用地和住宅用地较少，我们预选了一些商住综合用地作为预选标准宗地。

4.3.2　信息查阅

根据外业收集的预选宗地信息，通过向当地自然资源、住建、不动产登记等部门查阅预选宗地权属登记资料（不动产登记簿）、国有建设用地使用权出让合同、规划设计条件通知书、宗地图、房屋建设总平面、竣工资料等，与预选宗地调查收集的信息进行对照，查证土地权属的合法性、开发利用现状是否与规划用途相符等，剔除权属不合法、不符合规划、权属或规划手续不齐全的宗地。把权属清晰完整，规划设计、建设状况等资料齐全的预选宗地建立标准宗地信息数据库。

4.3.3　初步预设

根据《标定地价规程》的原则要求和县域标准宗地设立的标准，在综合考虑预选宗地的土地利用现状、周边环境、土地权利性质、价格或租金水平、空间分布和产权登记资料完备程度等因素的前提下，从预选的标准宗地信息数据库中筛选宗地，作为预设标准宗地，每个标定区域可预设 1 宗最佳宗地，并预设 1～2 宗备选宗地。进而再根据内业收集到的资料和外业实地核查的资料，分析预设标准宗地的现状利用条件和利用状况，选取并设立标准宗地。

4.3.4　实地核查

实地查勘预设标准宗地，并与权属登记和规划设计资料进行对照，对权属、规划等信息进行核验，包括宗地坐落是否与登记信息吻合、面积大小是否相当、实际用途与规划用途是否一致、容积率是否相当等，并对宗地周边环境、价格水平等进行调查。实地核实方法可采用核查宗地现场、走访当地相关部门、观察拍照或无人机航空摄影等。根据我们在开展项目过程中的实践经验，3S 技术应用于标准宗地的实地核查能够取得较好的效果，尤其是通过无人机航空摄影测量，对标准宗地进行实景三维建模和深度机器学习，能够较好地识别建筑物规模、基底面积、建筑高度、建筑层数等状况，在核验建设状况是否符合规划设计条件、是否达到最高最佳利用水平等方面取得较好的实际效果。

标准宗地的无人机航空摄影及实景三维建模见图 4–2。

图 4–2　标准宗地的无人机航空摄影及实景三维建模

4.3.5　确定标准宗地

结合内业调查和外业核查资料，分析预设标准宗地地籍状况、规划设计条件和土地实际利用状况，根据标准宗地设立的原则和标准，再次筛选并最终确定标准宗地，完成标准宗地编码登记。

县域标定地价体系建设尚处于发展阶段，本书根据在标定地价项目开展过程中的实践经验，阐述了县域标定地价建设过程中标准宗地设立存在的难点，提出了标准宗地设立的标准和设立流程，以期为同类项目开展提供有益参考。在后续工作中，还需要对标准宗地进行实地查勘、调研和维护，及时更新灭失的标准宗地，确保标准宗地始终能够保持其在地价体系中的代表性和标识性作用。我国的标定地价体系建设目前还处于起步发展阶段，全国标定地价建设的试点城市虽也在持续不断地公布结果，但可借鉴的经验还很有限，在标定地价建设过程中标定区域的划分、标准宗地的设立等问题仍需进一步研究。

第二篇

房地产估价相关理论探索

5 成套住宅实地查勘及价格因素分析

针对房地产估价实地查勘过程中存在“拍照走人”和价格影响因素评定标准不统一等方面的问题，要进一步明确房地产估价实地查勘的必要性、总体要求、技术流程、主要方法和主要内容。估价机构要针对区域房地产市场状况制定不同地区的成套住宅价格影响因素的评定标准，在缺乏统一的价格因素评定标准的情况下以保障各估价机构在估价业务开展中有章可循。

5.1 实地查勘的主要任务和主要方法

5.1.1 实地查勘的必要性和工作准备

5.1.1.1 实地查勘的必要性

实地查勘是房地产估价的基础和前提工作，是获得估价对象第一手信息和资料的主要途径，实地查勘的翔实与否直接关系到估价方法的选择、估价结果的客观公正。《中华人民共和国资产评估法》第25条规定：“评估专业人员应当根据评估业务具体情况，对评估对象进行现场调查，收集权属证明、财务会计信息和其他资料并进行核查验证、分析整理，作为评估的依据。”全程参与项目的注册房地产估价师及其他评估专业人员必须到估价对象现场，亲身感受估价对象的位置、周围环境、景观的优劣，查勘估价对象的外观、建筑结构、装修、设备等状况，并对事先收集的有关估价对象的坐落、四至、面积、产权等资料进行核实，同时搜集补充估价所需的其他资料，以及对估价对象及其周围环境或临路状况进行拍照等。《房地产估价规范》指出，估价对象的实地查勘应符合下列规定：“（1）应观察、询问、检查、核对估价对象的区位状况、实物状况和权益状况；（2）应拍摄反映估价对象内部状况、外部状况和周围环境状况的照片等影像资料，并应补充搜集估价所需的关于估价对象的其他资料；（3）应制作实地查勘记录，并应记载实地查勘的对象、内容、结果、时间和人员及其签名，记载的内容应真实、客观、准确、完整、清晰。”

不同目的的估价业务在实地查勘问题上也有相应的规定。《人民法院委托评估工作规范》（法办〔2018〕273号）规定：“评估机构确定评估专业人员后，应当及时开展评估工作。需要现场勘验的，评估机构应当及时通知人民法院组织进行。”《房地产抵押估价指导意见》（建住房〔2006〕8号）规定：“房地产估价师应当对估价对象进行实地查勘，将估价对象现状与相关权属证明材料上记载的内容逐一进行对照，全面、细致地了解估价对象，做好实地查勘记录，拍摄能够反映估价对象外观、内部状况和周围环境、景观的照片。内外部状况照片应当作为估价报告的附件。由于各种原因不能拍摄内部状况照片的，应当在估价报告中予以披露。”《国有土地上房屋征收评估办法》（建房〔2011〕77号）规定：“房地产价格评估机构应当安排注册房地产估价师对被征收房屋进行实地查勘，调查被征收房屋状况，拍摄反映被征收房屋内外部状况的照片等影像资料，做好实地查勘记录，并妥善保管。被征收人应当协助注册房地产估价师对被征收房屋进行实地查勘，提供或者协助搜集被征收房屋价值评估所必需的情况和资料。房屋征收部门、被征收人和注册房地产估价师应当在实地查勘记录上签字或者盖章确认。”然而，在当前的实际评估业务中，经常会存在评估专业人员对实地查勘环节的不重视或流于形式化，实地查勘中“拍照走人”的现象时有发生，或委托人对实地查勘工作的不配合等问题，都要求我们必须重申房地产估价实地查勘环节的重要性和必要性。

5.1.1.2 实地查勘的工作准备

（1）人员组织与查勘设备

在房地产估价实地查勘之前，估价师和其他评估专业人员首先要落实查勘人员、任务分工，明确查勘的主要内容和查勘重点，准备现场查勘所需的基本工具和必需材料，包括拍摄照片所用的相机、手机、地图、测距仪、文件夹、写字板、房地产价格评估委托书、房地产价格评估所需资料清单、住宅实地勘查记录表、笔、记录本、U 盘，以及录音笔等其他查勘测量或记录工具。

（2）实地查勘计划和实施方案

制订完备的查勘计划和实施方案也是正式启动实地查勘之前的重要环节。尤其是对于规模大和物业类型比较复杂的大项目，以及规模较大的房屋征收类项目，制订完备的查勘计划显得尤为重要。对查勘可能遇到的困难或障碍要做好工作预案，力争在查勘时避免利害关系人不配合的情况发生。

（3）估价对象预查勘和资料收集

对估价对象的前期预查勘是指查勘人员在接到查勘任务后，通过与估价委托人沟通、互联网或机构档案等渠道在查勘之前对估价对象的资料进行收集或研究。诸如，通过委托人传递的权属证明资料、出让合同等了解估价对象的权属情况，通过互联网电子地图了解估价对象的位置坐落、周边交通状况、基础设施状况、商服繁华程度、周边房地产价格水平等。经过前期了解和资料查询可以使估价人员在查勘之前对估价对象有大致的了解。

（4）开展查勘人员的前期培训指导

由于实地查勘人员的受教育程度、执业经验和技能水平不同，不同查勘人员对同一项目的查勘要求和标准可能不完全一致。为确保工作步调一致，查勘中对房地产状况、价格影响因素等问题的判定标准尽量一致，必须对查勘参与人员进行前期培训指导。包括要明确查勘对象状况与等级的判定标准，规范资料清单，统一查勘拍照或录像的标准和实地查勘记录的填写要求，甚至包括查勘人员的着装打扮、行为礼仪等。

5.1.2 实地查勘的主要任务

5.1.2.1 估价对象实地查勘

（1）估价对象核实

深入估价对象现场对其进行核实是实地查勘的重点任务，包括对估价对象实体状况核实、权属状况核实和开发利用方式确认等方面。估价对象实体状况核实主要是对土地坐落、地号、面积、用途、四至等加以核实，掌握土地使用类别、地形、地貌及地上和地下建筑物的情况，地块与周边地块的相邻状况等；对建筑物的位置坐落、门牌号、建筑物结构、建成年份、用途和面积加以核实，核实估价对象的现状与不动产权证上的记载是否一致。权属状况核实主要是以产权证明书、其他证明、行政与规划限制等为依据，核实与估价对象有关的各项权利的内容、权利的发生与续存的时间等。开发利用方式确认，是在坚持法律许可、自然可能和经济可行的前提条件下确定估价对象的最佳利用方式。

（2）查勘记录

实地查勘记录是估价作业的重要依据，在实地查勘的过程中要对了解到的、看到的和确认到的估价对象的区位状况、实物状况、权属状况、他项权利以及法定优先受偿权等情况，估价对象存在的实际与证载不相一致、难以确定或存在的纠纷等相关问题在实地查勘记录表上予以记录，并由估价委托人和实地查勘的估价师双方签字确认。另外还要对市场调查的与估价对象相似或相近的交易实例的调查结果给予记录等。

（3）拍摄照片

拍照或录像也是实地查勘的重要任务。拍照或录像能直观地反映估价对象的外观特征，尤其是在估价报告中用文字陈述难以形象地表达估价对象的外观和内部装修等状况时，照片或录像可以弥补其不足。照片或录像对那些即将征收或已经灭失的估价对象或标的物，更是重要的估价依据。

5.1.2.2 收集估价所需资料

全面真实地收集估价资料是确保估价客观、公正、合理的基础保障，房地产估价所需要的资料主要包括以下几个方面：

（1）估价对象自身的资料

估价对象自身的资料主要有反映估价对象实物状况的资料、权属状况的资料和不动产所在地区的规划资料。估价对象实物状况资料主要有房地产的位置和坐落资料、房地产的用途及利用状况资料、房地产的面积资料等。估价对象的权属状况资料主要是不动产权属登记证明资料，主要包括国有土地使用权证、房屋所有权证、出让合同、租赁合同、抵押合同、不动产权证及其他有关不动产权属登记的资料等。不动产所在地区的规划资料主要包括区域土地利用规划、城市总体规划和控制性详细规划等。

（2）价格影响因素资料

价格影响因素资料是指影响房地产价格的各种因素的资料，这些资料的取得是准确分析和评估房地产价格的基础。价格影响因素可分为一般因素、区域因素和个别因素。反映一般因素状况的资料主要包括人口状况资料（国家和地方统计年鉴、统计公报、政府工作报告等）、经济状况资料（政府工作报告、经济类文献资料、国际经济走势分析、物价局统计资料等）、相关政策资料（土地利用总体规划、国民经济和社会发展规划、土地和房地产市场相关调控政策等）等。反映区域因素状况的资料主要包括区域交通状况资料（城市交通地图、公交线路图、公交站点布局图）、商服繁华程度资料（公共服务设施的调查问卷资料、公共服务设施类 POI 大数据）、产业集聚程度资料（区域企业清单、企业分布、企业年产值、年利润、职工人数等方面的调查资料等）。反映个别因素的资料主要包括土地自身和建筑物自身的资料，诸如土地产权登记资料（国有土地使用权证、宗地图、地籍图、出让合同、宗地规划建设条件通知书等）和房地产权属登记资料等。

（3）市场调查和交易实例资料

市场调查和交易实例资料主要指反映不动产市场行情的资料，诸如，经济发展趋势资料（国民经济和社会发展公报、经济形势分析资料等）、地方房地产投资开发及建设状况资料（房地产投资、开工、在建和竣工面积等数据资料）、地方政府房地产管理及调节政策相关资料等；房地产交易和房地产价格变化趋势资料（房地产管理部门发布的地方房地产市场交易数据、房地产价格趋势等）；地方基准地价和标定地价相关资料，开展地价动态监测城市的地价动态监测资料等。交易实例资料是实际成交的房地产的基本信息和交易信息等，房地产基本信息包括房地产的位置坐落、建筑面积、用途、权属、建筑结构、建成年代等，交易信息主要包括交易日期、交易方式、交易价格和付款方式等。

5.1.3 实地查勘与资料收集方法

实地查勘与资料收集的方法包括一手资料收集方法和二手资料收集方法。其中，一手资料收集方法主要有实地查勘和测量法、访问与座谈法；二手资料收集方法主要有文献资料查阅和互联网搜索法等。

5.1.3.1 实地查勘和测量法

根据《房地产估价规范》的要求，估价师必须到估价对象现场对估价对象的位置、周围环境、景观的优劣等予以实地查勘和核实权属资料，确认和掌握估价对象的状况。实地查勘可采用看、问、听、查、测、记的工作方法。①“看”是要查看估价对象的外观、结构、装修、设施设备部分，查看房屋的基础、墙体、屋面是否有沉降、变形或脱落的情况，梁柱是否有变形的情况等。②“问”是指对发现的问题要随时询问委托人或使用者，进一步了解有关情况；询问要注意交流方式，营造友好的氛围。③“听”是查勘人员要善于倾听委托人或其他利害关系人对房屋使用状况、维护状况等的反映，这是获得估价对象信息的重要途径。④“查”是指对房屋的承重结构部位、构件的刚度强度进行调查，对不确定的问题要进行综合研究。⑤“测”是通过专业仪器测量房屋的面积、结构等状况，并核实与不动产权证上记载的是否一致。或采用步量、数地板砖数量、车辆行驶距离等方式进行大致判断，或采用手持测距仪、手机 App 等工具进行测量。⑥“记”是将查勘对象的位置坐落、建成年代、内部装修状况、设施设备等实物状况，交通条件、公共服务及周边环境等状况记录在实地查勘记录表上。

5.1.3.2　访问与座谈法

访问与座谈是评估专业人员或以访谈询问的方式，或通过电话访谈、个别访谈等方式向被调查者获取房地产估价资料的一种有效方法。包括与估价委托人的访谈、与房屋承租人的访谈、与物业管理人员的访谈和与同类房屋交易实例权益人的访谈等。与委托人的访谈可了解房地产估价目的和其他方面的要求、委托人对估价标的物的价格判断或预期，若是抵押价值评估，还要了解委托方预期贷款额度；标的物是否符合法定抵押要求、是否存在法定优先受偿款，对周边同类房屋价格情况的了解等。与物业管理人员的访谈要了解小区物业情况，小区居住的主要群体，文化程度、宗教信仰等，房屋租赁及租金情况等。与交易实例权益人访谈可了解与估价对象类似房地产的交易时间、成交价格、成交难易程度等。访谈要注重谈话技巧，营造友好的谈话氛围，建立相互信任的关系，并承诺保守被访者的商业机密或与个人相关的隐私。注重从被访者的言语中获得有用的信息并甄别真伪，并做好访谈记录，最后要向被访者表示感谢。

5.1.3.3　互联网 + 实地查勘

通过互联网通信平台进行不动产信息资料的检索与搜集也是资料收集

的有效方法，而且方便快捷、工作效率高。不过也应当注意，互联网平台收集的资料易受到虚假信息的干扰，难以判断所收集到的资料的真实性和可靠性。随着互联网技术的发展，其对房地产实地查勘和资料收集的支撑作用越来越突出。云查勘是由深圳房讯通信息技术有限公司研发的一款用于评估查勘的专业类手机 App，云查勘主要利用移动互联网技术，对查勘物业资料实现快速采集和回传，从而提升估价业务的作业效率及查勘数据的格式化积累和结构化存档。常用的国内房产信息网站及地址见表 5–1。

表 5–1　常用的国内房产信息网站及地址

网站名称	网络地址
房天下	https：//www.fang.com/
安居客	https：//zhengzhou.anjuke.com/
房价网	https：//sh.fangjia.com/
焦点房产	https：//house.focus.cn/
链家地产	https：//bj.lianjia.com/
网易房产	https：//zz.house.163.com/
我爱我家	https：//bj.5i5j.com/
贝壳	https：//bj.ke.com/
城市房产	http：//www.cityhouse.cn/city.html
58 同城房产	https：//bj.58.com/house.shtml

5.1.3.4　文献资料查阅法

文献资料查阅法是通过查询估价业务档案，阅读图书、杂志或报纸资料，检索文献资料库，通过购买或传递等手段收集与估价对象相关的二手资料的一种方法。该方法与其他方法相比，过程比较便捷，成本较低，而且不受时间和空间的限制。

5.1.3.5　实地查勘的新技术

随着现代信息技术的发展，遥感、地理信息技术和全球导航卫星系统等在众多行业得到了广泛应用。面对地形复杂、查勘环境难度较大的项目，传统查勘技术方法难以实现实地查勘任务时，采用无人机航空摄影技术进行野外数据采集，可以真实地反映估价对象的全景，以及多维度、高精度、全方位地实现对估价对象整体状况的高效查勘。另外，随着地面三维激光扫描技术的发展，地面三维激光扫描技术也将逐步应用于房地产估价的实地查勘过程。

5.2 成套住宅实地查勘的内容

实地查勘的主要目的是核实估价对象是否存在，现场状况是否与证载情况一致，以及调查了解房地产实体状况、环境状况并做好影音及文字记录。成套住宅实地查勘要按照由远及近、由大到小、由外到内、由粗到细的顺序对估价对象房地产进行详细查勘，内容包括区位状况查勘、实物状况查勘、权益状况核实、实地查勘拍照和市场状况调查等。

5.2.1 区位状况查勘

区位状况查勘主要对估价对象所处的位置坐落、交通便捷状况、基础设施、公共服务设施和自然人文环境等进行查勘，区位状况调查范围可限定在估价对象周围一千米左右的地域范围内开展。

5.2.1.1 位置坐落状况

位置坐落状况包括估价对象坐落的具体地点、在局部地区的方位、与重要设施（车站、银行、邮局、体育娱乐场所、公园以及医院等）的空间距离、临街状况、建筑物朝向及估价对象所在的楼层等，在查勘记录表上画出简易的估价对象区位关系图并做好文字记录。尤其需要特别提醒的是，在实地查勘的过程中，应核实估价对象的实际地址和实际所在的楼层与证载地址和证载楼层是否一致，如果遇到证载地址和楼层与实地查勘情况不一致，应进一步明确原因。

5.2.1.2 交通便捷状况

交通便捷状况包括估价对象周边的道路状况、公共交通状况、交通管制和停车便捷状况，尤其要重点查勘出行的便捷状况，步行 5~30 分钟距离范围内可达的公交站点、公交线路疏密程度或地铁站点情况。

5.2.1.3 基础设施状况

基础设施状况包括估价对象所在宗地红线内外的道路、给水、排水（雨水、污水）、供电、通信（电话、互联网和有线电视）、燃气、供暖等基础设施的完备程度和宗地红线内平整状况。

5.2.1.4 公共服务设施

公共服务设施包括估价对象周边的商业（超市、购物中心、便利店、菜市场）、金融（银行网点、ATM 自助网点）、通信（移动、联通、电信营业网点）、教育（幼、小、中学，是否属名校学区）、医疗（医院、社区医疗卫生服务站）、文体娱乐（公园、游泳馆、健身及体育中心）等生活服务设施和其他公共服务设施的完备程度等。

5.2.1.5 自然人文环境

自然环境是指估价对象所在周边地区的自然条件以及有无污染等，主要包括居住小区内公共绿地、组团绿地、宅前绿化状况（包括绿化植被乔、灌、草树种的搭配及季节性搭配）及维护状况；周边是否远离工厂、高压走廊、通信基站、噪声发声源、环卫中转站等，以及外部景观状况（河景房、湖景房、山景房）等方面。人文环境是指估价对象周边地区的社会声誉、居民特征和社会治安环境等，主要包括居住小区主体人群的文化程度、宗教信仰、职业类型、收入水平。小区治安状况以及小区周边的文化氛围等。

5.2.2 实物状况查勘

实物状况查勘可分为建筑物实物状况和土地实物状况查勘，其中建筑实物状况查勘主要包括建筑物的建筑外观、建筑结构、设施设备、装饰装修、空间布局及户型、通风采光、新旧程度和物业管理等方面。

5.2.2.1 建筑外观

查勘建筑造型、色彩、风格等外观状况，包括外观是否美观，外观装修材料，外观装修材料主要有清水、水刷石、涂料、真石漆、瓷片、面砖、马赛克、大理石板或铝塑板等，并附外立面照片加以说明。

5.2.2.2 建筑结构

查勘并核实估价对象建筑结构属砖木结构、砖混结构、钢混结构，还是钢结构。建筑结构与证载结构不一致的，应进一步了解原因，并在实地查勘记录表上给予明确的记录，并在估价报告中给予披露。

5.2.2.3 设施设备

了解估价对象内部的供水、排水、供电、供气、供暖、网络、有线电视、电梯、空调及智能化设备等的配置情况、性能、质量及已使用年限等。

5.2.2.4 装饰装修

装饰装修包括装修档次（毛坯、普通装修、中档装修和精装修）、风格、品位和质量等，客厅、卧室和厨卫的地面和顶棚、内外墙以及门窗的装修材质和档次等，并附客厅、卧室、厨房、卫生间及其他细部照片（如暖气、壁挂炉、壁橱、吊顶等）。

5.2.2.5 空间布局及户型

空间布局主要是了解住宅房屋的户型结构及空间分区的合理程度，如是否属于当下人们追捧的“三大一小一多”的主流户型，但“大”和

“多”也要适中。

5.2.2.6　通风采光

查勘客厅、卧室、厨房和卫生间的通风开口面积大小及与该房间地板面积的比例关系，门窗关闭时空气是否处于相对静止状态，门窗开启时室内外空气能否顺利流通。采光则主要说明房屋的朝向、白天室内房间能否达到“四明”标准（明厅、明卧、明厨、明卫）。

5.2.2.7　新旧程度

新旧程度主要是核实建筑物的建成年份、工程质量、装修和设备等组成部分的维护状况、损坏程度等（完好房、基本完好房、一般损坏房、严重损坏房、危险房）。

5.2.2.8　物业管理

了解物业管理企业的资质、物业管理人员配备、管理智能化程度、物业服务质量及收费合理程度等。

5.2.3　权益状况核实

权益状况可分为建筑物权益状况和土地权益状况。权益状况核实包括对估价对象权属登记、占有使用、他项权利和其他特殊状况等进行核查；核对房地产权证复印件与原件是否完全一致，详细摸清有关情况并记录在案。

5.2.3.1　权属登记状况

权属登记状况包括调查土地所有权、土地使用权、房屋所有权、房屋使用权状况。对委托人提供的土地使用权证和房屋所有权证复印件与权证原件逐页核对，确认是否完全一致并记录在案。核实证载信息与实地查勘信息是否一致，包括证载数量、面积、用途、位置、四至等与实地查勘的情况进行逐一核实。通过对照，查勘估价对象是否有灭失、毁损、改建、扩建或重建等情况。

5.2.3.2 占有使用状况

了解估价对象是在使用还是空置，对于正在使用的还要了解是自用还是出租、出借或侵占等情况。对于出租的房屋还要调查房屋承租人、租赁期限及租金水平等。

5.2.3.3 他项权利状况

核实是否设立了地役权、抵押权和居住权等他项权利。

5.2.3.4 其他特殊状况

其他特殊状况包括产权是否明确或是否有争议、手续是否齐全、是否被依法查封、是否符合法定转让或抵押条件、是否拖欠建设工程价款、是否已被依法列入征收或征用范围等。

5.2.4 实地查勘拍照

估价对象的实地查勘照片是估价报告的重要附件，查勘拍照要在科学性、规范性和艺术性相结合的基础上，按照由外到内、由整体到局部、由下而上的顺序逐步进行，具体顺序为：居住小区大门→建筑外观→单元门→入户门→客厅→卧室→厨房→卫生间及其他细部等。需要指出的是，室外拍照构图要突出建筑物整体特征，注重建筑物外观的全景构图，拍照时要远离拍摄物，寻找最佳构图位置进行拍摄。室内拍照构图，要在全面反映建筑物内部空间布局、装饰装修等实物状况的基础上，重点突出、层次分明、拍照清晰。如果估价对象为复式成套住宅的套型，室内楼梯要单独拍照。

5.2.5 市场状况调查

市场调查是运用科学的方法，有目的地系统收集、记录、整理有关市场信息资料，并就所获得的市场信息资料进行分析、评估和报告的过程。房地产市场状况调查是开展估价分析测算，确保估价结果客观合理的重要基础性支撑，也是房地产估价报告的重要组成部分。《房地产估价规范》明确规定，市场背景描述与分析应简要说明估价对象所在地区的经济社会发展状况和房地产市场总体状况，并应有针对性地详细说明、分析过去、现在和可预见的未来同类房地产的市场状况。市场调查是房地产估价实地查勘的重要内容，尤其对于在机构所在地之外的其他地区开展估价业务更为重要。

5.2.5.1 房地产市场总体状况调查

区域房地产市场总体状况调查的主要内容包括区域市场环境调查、市场供需容量调查、房地产销售情况调查和市场发展趋势调查等。区域市场环境调查主要调查区域的经济环境、人口资源环境、社会文化环境、区域政策环境等。市场供需容量调查主要调查区域各类物业的市场供应量和需求量，包括存量房和增量房的供应量、现有和潜在的房地产需求量和销售量及供求平衡状况。房地产销售情况调查主要调查各类物业的交易规模、交易价格等。市场发展趋势调查主要调查市场供给态势、需求偏好和价格走势等。

5.2.5.2 同类房地产市场状况调查

同类房地产市场状况调查指通过房地产市场细分，对估价对象同类产品市场的供给、需求、销售情况与发展趋势进行调查。在同类房地产市场上，需求者对房地产的消费倾向具有较多的共性。调查与估价对象同类产品的投资与供应情况（投资量、施工面积、新开工面积、竣工面积、预售量、存量房供应量等），销售情况包括与估价对象同类产品的交易量（销售面积、销售金额）、交易价格以及消费倾向等。

5.2.5.3 同类房地产交易实例调查

开展同类房地产交易实例调查是开展市场比较法估价和了解同类房地

产市场交易价格的重要支撑资料。调查同一供需圈内与估价对象能形成替代关系的同类房地产真实交易实例的基本情况、交易双方基本情况、交易方式、成交日期、成交价格、付款方式、融资条件、交易税费负担、交易目的等，以及交易实例房地产的区位状况、实物状况和权益状况等信息，并收集交易实例的产权登记资料和内外部照片等。

5.3 价格影响因素分析与评定标准

对房地产价格有影响的因素被称为房地产价格影响因素，简称价格影响因素。价格影响因素类型多样，房地产价格作用机理复杂，对影响房地产价格因素的认识不同，评估的房地产价格会有很大的差别。价格影响因素分析是房地产估价的关键环节之一。通过分析影响估价对象房地产价格的各类因素，掌握价格影响因素的具体状况，以及在何种程度上影响房地产价格。

5.3.1 价格影响因素的分类

房地产价格影响因素种类复杂，按照不同的分类标准可以分为不同的类型：

（1）按照价格影响因素的来源，分为房地产自身因素和房地产外部因素。其中房地产自身因素主要有房地产的实物因素、权益因素和区位因素等；房地产的外部因素主要有人口因素、制度政策因素、经济因素、社会因素、国际因素、心理因素和其他因素等。

（2）按价格影响因素与房地产价格的关系及影响作用的空间范围，可分为一般因素、区域因素和个别因素。一般因素是不动产所处的社会、经济和制度背景条件，影响到整个社会经济制度背景下的全部不动产，如社会因素（人口状况、城市化水平等）、经济因素（经济发展水平、财政收支等）和制度因素。区域因素是不动产所在地区所具备的条件和特性，其对不动产价格的影响范围是某个具体区域，如所在区域的规划、基础设施、环境状况、公共服务设施等。个别因素是仅对估价对象自身的价格有影响的因素，主要是房地产自身的状况，如坐落、用途、地形地势、建筑结构、建筑新旧程度等。

（3）按照因素的来源特征与行为活动的视角可把房地产价格影响因素分为房地产状况因素、房地产市场因素和房地产交易因素。

以上分类方法中，第二种分类是目前房地产和土地估价领域较为认可且分类清晰、覆盖全面的一种方法，本书在后面的分析中遵循该分类方法把价格影响因素分为一般因素、区域因素和个别因素。

5.3.2　价格影响因素分析的原则

5.3.2.1　产权清晰原则

坚持产权清晰原则就是要依法判定估价对象房地产的产权主体是否明确，产权客体是否有清晰的产权边界和产权关系等。产权主体清晰是指房地产的归属主体对房地产具有确定的占有、使用、收益和处分的权利。产权客体清晰是指房地产内部的权属关系清晰，各种产权权利之间有明确的界限，各主体间的产权份额有明确的划分。对于产权不清晰的房地产，应暂缓进行分析和评估，待有关部门对房地产产权进行确认之后方可进行。

5.3.2.2　客观据实原则

价格影响因素分析要坚持客观据实、实事求是的态度，根据实地查勘的真实情况来评判价格影响因素的等级水平和优劣，据实分析估价对象的区域状况和个别因素状况对估价对象价格的影响。不能为了迎合估价委托人的需求，或为了达到“高评低估”的目的，而故意地夸大或压低估价对象价格影响因素的水平、等级和标准。

5.3.2.3　公正有据原则

对估价对象价格影响因素分析要客观公正、有理有据，对实物状况的评判要依据权属登记资料（国有土地使用证、出让合同、房屋所有权证、不动产权证等），同时还要确保权属登记状况与实物状况相符。对估价对象规划建设条件的分析要依据宗地规划建设条件通知书及出让合同的有关规定等。

5.3.3　价格影响因素分析的要点

5.3.3.1　辨别价格影响因素的状况或层级

如果价格因素对房地产价格的影响可以采用数理模型进行量化，则尽量采用数理模型的方式进行度量，比如使用年期对房地产价格的影响，市场变动情况、容积率对房地产价格的影响等。不少因素对房地产价格的影响往往难以用数理模型进行量化和表达，则需要估价师依靠专业知识和经验在对房地产市场进行深入调查、对估价对象进行详细查勘的基础上采用定性分析的方式进行判断，比如交通便捷度、周边环境质量、物业管理水平等因素。定性分析也需要以一定程度的定量分析为基础，对因素水平进行划分等级，加强估价过程的科学化和合理化。

5.3.3.2　辨别是增值因素还是减值因素

不同的影响因素及其变化对房地产价格变动的作用方向是不相同的，即使是同一因素，对不同类型房地产的价格变动方向也可能不一样。有的因素变化会导致房地产价格上涨，这些因素为增值因素；有的因素变化会导致房地产价格下降，这些因素为贬值因素或减值因素。房地产价格影响因素分析要正确识别因素对估价对象是增值因素还是减值因素，这样有助于把握价格因素对房地产价值影响的调整方向。

5.3.3.3　分析因素对价格的作用机理

搞清楚价格影响因素及其变化是如何作用于或如何导致房地产价格发生变动的是一个十分重要的问题。不同影响因素的变化与房地产价格变动之间的关系不尽相同，有的是单调递增，有的是单调递减，更多的时候是非线性的数理关系或者正反作用的合力。各种价格影响因素对同一类型房地产价格的影响方向或影响程度在不同的社会发展阶段也不一样，比如不同时期人们对住宅的平面布局和户型的偏好明显不同，20 世纪 80 年代人们偏好小客厅大卧室，而现在人们偏好大客厅、大厨房、小卧室。另外，同一影响因素在不同地区、不同层级、不同门槛区间的变化对房地产价格的影响也可能是不同的。

5.3.3.4 辨别因素对价格的影响程度

不同的影响因素及其变化对房地产价格变动的影响程度是不相同的。这里包括两种情况，一种是不同的影响因素对同一房地产价格变动的影响程度不同；另一种是同一影响因素对不同类型房地产价格的影响程度不同。致使房地产价格变动幅度较大的因素可称为主导因素，致使房地产价格变动幅度较小的因素可称为次要因素，比如商服繁华度是商业房地产价格的主导因素，而对工业则不然；对外交通便捷度是工业房地产价格的主导因素，而对住宅房地产则不然。合理辨别主次影响因素有助于确定各影响因素的合理权重以及调整幅度。

5.3.4 价格影响因素的评定标准

在实地查勘的基础上要对估价对象的区域因素和个别因素状况、水平或等级进行综合评定。笔者对郑州市的 100 套住宅房地产的实地查勘记录进行比较分析，采用定性描述和定量分析的方法，从区域因素和个别因素两个方面制定了成套住宅房地产价格影响因素分析的评定标准。其中，区域因素主要包括交通便捷度、自然人文环境、基础设施、公共服务设施、社区成熟度等；个别因素包括建筑物外观状况、设施设备、装饰装修、户型、通风、采光和物业管理等。注册房地产估价师通过反复研讨，编制了郑州市成套住宅价格影响因素分析评定标准初稿，在评估业务的实地查勘中进行反复检验和修改，最终形成了郑州市成套住宅价格影响因素分析评定标准，具体内容见表 5-2。

表 5-2 成套住宅价格影响因素分析评定标准

因素类型	具体因素	评定标准	因素情况说明
区域因素	交通便捷度	差	临近支路；步行 15 分钟范围内有 1 条公交线路、20 分钟范围内有 3 条公交线路
		一般	临近次干道；步行 10 分钟范围内有 1 条以上公交线路、15 分钟范围内有 3 条以上公交线路
		较便捷	临近主干道；步行 5 分钟范围内有 3 条以上公交线路、10 分钟范围内有 5 条以上公交线路
		便捷	临近主干道；步行 5 分钟范围内有 5 条以上公交线路
	自然人文环境	差	居住小区临近工业区、噪声或辐射污染源，小区内绿化植被配置较差或无绿化；小区居民为多种职业群体混杂、收入水平一般且差距较大，五成以上居民受教育水平在小学及以上，邻里关系较差
		一般	居住小区有轻度环境污染、噪声污染或辐射污染，小区内绿化植被配置单调，维护状况一般；小区居民为多种职业群体混杂、中等收入水平且差距较大，五成以上居民受教育水平在初中及以上，邻里关系一般
		较好	居住小区远离各种污染源、噪声源和辐射源，邻近小区游园或专类小型公园，小区内绿化植被有个别名贵树种，乔、灌、草搭配和季节性配置较合理、维护状况较好；属名校学区房，小区居民为特定职业、中上等收入群体，五成以上居民受教育水平在大专以上，邻里关系较好
		好	居住小区远离各种污染源、噪声源和辐射源，邻风景名胜区，邻全市性公园、区域性公园或社区性公园，为湖景、河景、山景房，小区内绿化植被多属名贵树种，乔、灌、草搭配和季节性配置合理、维护状况好；属名校学区房，小区居民为特定职业、高收入群体，五成以上居民受教育水平在大专以上，邻里关系好
	基础设施	差	五通一平（通路、通电、通上水、通排水、通信，场地平整）；但路况较差，供电、供水保证率较低，排水设施落后，雨季排水不畅

续表

因素类型	具体因素	评定标准	因素情况说明
区域因素	基础设施	一般	五通一平（通路、通电、通上水、通排水、通信，场地平整）；路况一般，供电、供水保证率在 80% 以上，雨季排水一般
		较高	七通一平（通路、通电、通上水、通排水、通信、通燃气、通暖，场地平整）；路况较好，供电、供水、供气保证率在 90% 以上，雨季排水较通畅
		高	七通一平（通路、通电、通上水、通排水、通信、通燃气、通暖，场地平整）；路况好，供电、供水、供气保证率在 95% 以上，雨季排水通畅
	公共服务设施	差	步行 30 分钟以上可达商业服务（超市、购物中心）、金融、通信、医疗卫生、文化、教育（幼、小）、体育、社区服务及市政公用等配套服务
		一般	步行 20 分钟可达商业服务（超市、购物中心）、金融、通信、医疗卫生、文化、教育（幼、小）、体育、社区服务及市政公用等配套服务
		较高	步行 10 分钟可达商业服务（超市、购物中心）、金融、通信、医疗卫生、文化、教育（幼、小）、体育、社区服务及市政公用等配套服务
		高	步行 5 分钟可达商业服务（超市、购物中心）、金融、通信、医疗卫生、文化、教育（幼、小）、体育、社区服务及市政公用等配套服务
	社区成熟度	差	为相对孤立居住小区，小区入住率在 50% 以下，公共服务设施差
		一般	周边居住小区稀疏，小区入住率在 50%~70%，公共服务设施一般
		较好	周边居住小区集中，小区入住率在 70%~90%，公共服务设施较高
		好	周边居住小区密集，小区入住率在 90% 以上，公共服务设施高
个别因素	外观状况	差	外观材料严重剥落、成新率七成以下，长期无毁损维修
		一般	外观材料部分脱落、成新率七成以上，不定期毁损维修
		较好	外观材料少量脱落、成新率八成以上，不定期清洁维护
		好	外观材料无脱落、成新率九成以上，定期清洁维护
	设施设备	差	给水、排水、供电、燃气、暖气、空调、通信网络（电话、宽带网络和有线电视）、高层住宅入户电梯、消防、监控和楼宇对讲系统等设施配备不全或严重毁损，长期无维护
		一般	给水、排水、供电、燃气、暖气、空调、通信网络（电话、宽带网络和有线电视）、高层住宅入户电梯、消防、监控和楼宇对讲系统等设施配备不全或部分毁损，维护一般

续表

因素类型	具体因素	评定标准	因素情况说明
个别因素	设施设备	较完善	给水、排水、供电、燃气、暖气、空调、通信网络（电话、宽带网络和有线电视）、高层住宅入户电梯、消防、监控和楼宇对讲系统等设施基本完备，维护较好
		完善	给水、排水、供电、燃气、暖气、空调、通信网络（电话、宽带网络和有线电视）、高层住宅入户电梯、消防、监控和楼宇对讲系统等设施配备完善且为品牌产品，维护良好
	装饰装修	毛坯	水泥地面、水泥内墙面或刷大白浆、不能满足正常居住
		简装	没有经过专业设计且无主题风格；顶面无造型、刷涂料或乳胶漆；地面采用普通地板砖或水磨石地板；内墙面刷涂料或乳胶漆，厨卫贴普通瓷砖，门窗、卫浴和厨房都是普通经济型产品
		中档	有一定的设计风格和装修主题；顶面具有简易造型；地面采用一般品牌地板砖、玻化砖或实木地板等中档材料，内墙面刷乳胶漆或贴普通壁纸，门窗、卫浴和厨房为一般品牌产品
		精装	装修经过专业设计具有特定的设计风格和装修主题；顶面具有精美造型且材质细腻环保；地面采用知名品牌玻化砖、仿古砖、大理石或实木地板等高档材料；内墙面贴品牌壁纸或软包，门窗、卫浴和厨房都是知名品牌
	户型	差	不符合《住宅设计规范》(GB 50096—2011）和《住宅建筑规范》(GB 50368—2005）要求；房间开间小、进深大且多为矩形；功能分区（起居室、卧室、餐厅和厨卫等）分割比例严重失调，无客厅餐厅，或厅廊合一；开放空间和私密空间营造严重不合理，卧室门开向走廊（厅），卧室门与厨卫门对开，入户门与卫生间门对开；厨卫空间小，不能自由满足储藏、操作基本要求；各房间通风和采光较差
		一般	勉强符合《住宅设计规范》(GB 50096—2011）和《住宅建筑规范》(GB 50368—2005）要求；房间的开间、进深比例轻度失调；功能分区（起居室、卧室、餐厅和厨卫等）比例失调，卧室较大、客厅较小或无餐厅；开放空间和私密空间营造勉强合理，入户门与各房间门、卧室门与厨卫门之间个别有对开；厨卫空间能自由满足储藏、操作基本要求；各房间通风和采光一般
		较合理	基本符合《住宅设计规范》(GB 50096—2011）和《住宅建筑规范》(GB 50368—2005）要求；房间的开间、进深比例基本合理；功能分区（起居室、卧室、餐厅和厨卫等）比例基本适中；开放空间和私密空间营造基本合理，起居室基本独立，主次卧室的私密性较强，入户门与各房间入口相互错开，厨卫门与其他房间门错开；厨卫空间能满足储藏、操作和升级要求；各房间通风和采光较好

续表

因素类型	具体因素	评定标准	因素情况说明
个别因素	户型	合理	完全符合《住宅设计规范》(GB 50096—2011)和《住宅建筑规范》(GB 50368—2005)要求;房间的开间大、进深小,且多为方形;功能分区(起居室、卧室、餐厅和厨卫等)比例适中;至少有一个卧室朝南;开放空间和私密空间营造合理,起居室独立完整,主次卧室的私密性强,入户门与各房间入口和各房间门均相互错开;厨卫空间大,能自由满足储藏、操作和升级要求;各房间通风和采光良好
	通风	差	不符合《城市居住区规划设计规范》(GB 50180—93)、《住宅设计规范》(GB 50096—2011)和《住宅建筑规范》(GB 50368—2005)要求;楼间距达不到通风要求或单朝向,房间均不能得到自然通风,尤其是厨房和卫生间自然通风较差,或相互污染或为黑卫
		一般	勉强符合《城市居住区规划设计规范》(GB 50180—93)、《住宅设计规范》(GB 50096—2011)和《住宅建筑规范》(GB 50368—2005)要求;每套住宅的通风开口面积不小于地面面积的 5%;楼间距基本符合规划设计最低要求,每套住宅的通风开口面积不小于地面面积的 5%;起居室、卧室、厨房、卫生间等各房间能基本实现自然通风
		较好	符合《城市居住区规划设计规范》(GB 50180—93)、《住宅设计规范》(GB 50096—2011)和《住宅建筑规范》(GB 50368—2005)要求;楼间距合理,房屋双向通透,每套住宅的通风开口面积不小于地面面积的 5%;起居室、卧室、厨房、卫生间等各房间都能较好自然通风
		好	完全符合《城市居住区规划设计规范》(GB 50180—93)、《住宅设计规范》(GB 50096—2011)和《住宅建筑规范》(GB 50368—2005)要求;楼间距完全满足通风要求,房屋南北通透,每套住宅的通风开口面积不小于地面面积的 5%,排风通道布置合理,起居室、卧室、厨房、卫生间等各房间都能良好自然通风
	采光	差	不符合《城市居住区规划设计规范》(GB 50180—93)、《住宅设计规范》(GB 50096—2011)和《住宅建筑规范》(GB 50368—2005)要求;楼间距过小或周围有高大建筑物遮挡,或有玻璃幕墙反射造成的光污染等;东北或西北朝向,或单朝向;白天房间不能达到“四明”(明厅、明卧、明厨、明卫)
		一般	勉强符合《城市居住区规划设计规范》(GB 50180—93)、《住宅设计规范》(GB 50096—2011)和《住宅建筑规范》(GB 50368—2005)要求;有一个卧室能得到冬季光照且窗洞开口宽度不小于 0.6 米;起居室、卧室和厨房能自然采光、采光窗洞口的窗地面积比不小于 1/7;东西朝向;白天房间不能达到“四明”(明厅、明卧、明厨、明卫)

续表

因素类型	具体因素	评定标准	因素情况说明
个别因素	采光	较好	符合《城市居住区规划设计规范》（GB 50180—93）、《住宅设计规范》（GB 50096—2011）和《住宅建筑规范》（GB 50368—2005）要求；有一个卧室能得到冬季光照且窗洞开口宽度不小于0.6米；起居室、卧室和厨房能自然采光、采光窗洞口的窗地面积比不小于1/7；东南或西南朝向；白天房间基本达到“四明”（明厅、明卧、明厨、明卫）
		好	完全符合《城市居住区规划设计规范》（GB 50180—93）、《住宅设计规范》（GB 50096—2011）和《住宅建筑规范》（GB 50368—2005）要求；至少有一个卧室能得到冬季光照且窗洞开口宽度不小于0.6米；起居室、卧室、厨房和卫生间均能自然采光且采光窗洞口的窗地面积比不小于1/7；南北朝向；客厅主卧均南向采光，白天房间充分达到“四明”（明厅、明卧、明厨、明卫）
	物业管理	差	小区无正规物业管理企业，无正式物业管理制度或工作计划；开放式居住小区，无保安及智能化监控系统；建筑外观、道路、排水、照明、围墙、护栏、绿化、健身设施等长期失修或毁损；无定期的公共空间、公共设施的保洁服务，不定期的垃圾收集和清运服务；交通、停车混乱；无水、电设施等紧迫性报修服务；无消防、治安等突发事件应急管理措施
		一般	普通物业管理企业，有物业管理制度和工作计划；开放式管理，有保安和入口监控系统；不定期的道路、排水、照明、围墙、护栏、绿化、健身设施等的维护和维修服务；不定期的公共空间、公共设施的清洁服务，不定期的垃圾收集和清运服务；有交通和停车管理措施；有维修人员不定期的水、电设施等紧迫性报修服务；有消防、治安等方面突发事件的应急管理措施
		较好	较知名的物业管理企业，相对规范的小区物业管理制度和工作计划；半封闭式管理，轮值保安，有监控系统；不定期的建筑外观、道路、排水、照明、围墙、护栏、绿化、健身设施等的维护和维修服务；定期的公共空间、公共设施的消毒、保洁服务，定期定点的垃圾收集和清运服务；相对健全的交通、停车管理制度和实施措施；轮值维修人员，定期水、电设施等紧迫性报修服务；有消防、治安等方面突发事件应急管理措施
		好	知名的物业管理企业，严格规范的小区物业管理制度和工作计划；全封闭式管理，全天候轮值保安、智能化监控和对讲系统；定期的建筑外观、道路、排水、照明、围墙、护栏、绿化、健身设施等的维护和维修服务；定期的公共空间、公共设施的消毒、保洁服务，定期定点的垃圾收集和清运服务；健全的交通、停车管理制度和实施措施；全天候轮值维修人员，即时性水、电设施等紧迫性报修服务；周密的消防、治安等方面突发事件应急管理措施

6 楼层对房价的影响及楼层指数编制

6.1 楼层对住宅价格影响的理论分析

6.1.1 区位与居住区位的内涵

6.1.1.1 区位

区位（Location）与位置含义不同，区位是指场所或事物所处的地理位置和场所及与周围环境的关系。经济学将区位理解为经济活动的场所，最为经典的理论为杜能的农业区位理论、韦伯的工业区位理论和克里斯塔勒的中心地理论。土地科学认为区位不仅是地球上某一事物的空间几何位置，还强调自然界的各种地理要素与人类经济活动之间的相互联系和相互作用在空间位置上的反映；地理学认为区位除了可以解释空间位置外，还指放置某事物或为特定目标而标定的地区范围。虽然不同的学科对区位的理解不同，但本质上区位可以理解为场所或事物所处的位置与其他场所或位置的各种空间关系的集合。

6.1.1.2 居住区位

房地产区位不仅指房地产在区域中的位置或坐落，还强调该空间位置与其周围环境、场所或人类活动之间的相互关系，是与周围其他事物之间的相对空间关系的综合（刘茜茜等，2011；廖稀哲等，2008）。居住区位是指住宅房地产在城市中所处的空间位置和所占据的空间场所，以及该位置或场所与周围事物之间的关系的综合，具体表现为以住宅房地产所处的位置为基准点进行通勤、通学、购物、就医、娱乐等出行活动所需的交通成本（费用成本或时间成本）的高低，以及该位置的自然环境或社会环境等因素对居民身体和心理等方面的影响。居住区位具有空间性、唯一性、动态性、相对性和依赖性等特征。

6.1.2 区位对房价影响的相关研究

房地产的区位直接关系到房地产所有者或使用者的经济效益、生活便利性、环境质量或社会效益。学术界现有关于区位因素对房地产价格的影响研究主要是在城市层面上讨论相关区位因子对房地产价格的影响。学者对北京（谷一桢等，2010）、上海（汤庆园等，2012）、南京（宋伟轩等，2017）、扬州（王洋等，2014）、长沙（孙倩等，2015）、西安（杨海娟等，2017）、重庆（李颖丽等，2017）、成都（张少尧等，2017）等城市的研究发现，就城市房价影响因素而言，区位是影响城市中住宅价格差异的核心要素；轨道交通（谷一桢等，2010；冯长春等，2011）、公共服务（李祥等，2012）、环境景观（温海珍等，2012）等多种区位因素都会对住宅价格产生影响，而主导因素及作用强度可能会随时间而变化（宋伟轩等，2017），尤其是非常规区位因素在加剧房价的空间异质性方面表现突出，非常规区位因素是指以是否拥有某种稀缺资源为表征的特殊区位因素，诸如，名校学区等（宋伟轩等，2018）。在楼层作为单套住宅房地产的区位因子对住宅房地产价格的影响研究方面，柳欣欣（2005）采用特征价格模型对大连的房地产价格进行实证研究，研究表明楼层与建筑面积、有无停车场、交通便利性、卫生状况、空气质量、安静程度、设施质量、治安环境、生活配套等对住宅价格有正向影响。董坤杰（2017）通过构建特征价格模型对郑州市住宅房地产价格进行评估研究，在所选择的 22 个因素中通过显著性检验的因素有 9 个，分别是建筑面积、文体设施、房龄、学区房、与核心商圈距离、临近大型公园绿地、绿化率、楼层和朝向，除与核心商圈距离、房龄与房产价格呈负相关外，其他因素均与房价呈正相关。米炜（2018）对广州的研究表明，二手房所在楼层越高，房价一般也越高，原因在于低楼层住房的视野、采光一般不及高楼层；而当楼层高于40层时房价又会随着楼层数增加而下跌。陈美潼（2019）采用特征价格模型对沈阳二手房价影响因素的分析认为，建筑面积、楼层、电梯、房屋朝向是影响二手房价格的主要因素。在既有研究的基础上，本章重点讨论楼层因素对房地产价格的影响及楼层指数表的编制。

6.1.3 区位对房价的作用机制

区位是影响房地产价格的重要因素，区位在一定程度上直接决定了人们发展就业、购物、教育、娱乐和就医等活动的方便程度，其周围的自然人文环境也对居住者的身心健康产生重大影响。区位本身就是价值，有研究表明住宅的区位价值占住房价格的1/2。区位优劣是众多区位因子综合影响和作用结果的表现，区位因子是构成区位优劣的各要素，区位因子的不同组合会导致区位之间存在优劣差异。区位因子主要包括位置、交通条件、配套设施和周围环境等。

6.1.3.1 位置条件对房价的影响

位置条件包括估价对象房地产所处的地理方位（包括城市、辖区、街道、小区）、与相关场所的距离、临街状况、朝向等，如果估价对象是某一栋建筑物的某层的某一套房产，则估价对象所处的楼层也是位置条件。位置对房地产价值的影响源于房地产的不可移动性，因位置不同而形成房地产价格的差异，最终形成优越位置的房地产具有更高的价值分布格局。与相关场所的距离首先是与城市中心的距离，每个家庭对住宅的选择实质上是在房租和通勤成本之间寻找平衡，通勤成本随着与城市中心距离增大而增加，房租随着与城市中心距离缩小而提高，进而导致到城市中心的距离越短，居民对其综合评价就越高，房产价格也越高。

6.1.3.2 交通条件对房价的影响

交通条件包括道路状况（估价对象周边路网分布、道路等级类型、路面状况等）、出行可利用的交通工具（公共汽车、地铁系统的运营状况）、交通管制情况（车辆类型限制或通行时间限制、单行道、禁止掉头或左转等）、停车方便程度及交通收费情况等。一般情况下城市道路的承载能力越大，辐射范围越广则越能提升区域的价值，带动房地产的快速发展。公共交通的便捷程度不仅能方便城市居民，还能带动城市经济的发展，房地产所在区位的公交站点的数量、公交线路的数量及与轨道交通站点的临近程度对房地产价格和区域房地产开发都具有重要影响。

6.1.3.3 配套设施对房价的影响

城市供水、供电、供气、供暖和通信系统在地区间的配置已较为完善和均衡，对房地产价格的差异性影响已非常小。而公共服务设施的完备程度或等级层次对房地产价格的影响越来越突出，主要包括教育设施、文化娱乐设施、医疗机构及行政管理机构等的设施类型等级、数量规模或距离。教育资源配套已成为城市房地产的一个突出卖点，教育环境不但可以增加房地产的人文品质，更对提升房地产价格有积极的推动作用，尤其是名校学区可以明显地提升房地产的价格。建有社区医疗设施或临近大型医院的居住小区，为就医提供了极大的方便，可以抬升住房价格。随着生活水平的提高，人们对运动、健身、休闲的要求也越来越高，居住小区临近配套建设必要的娱乐休闲设施，对提升房地产的品质和价格是非常有益的。

6.1.3.4 周边环境对房价的影响

周边环境是指估价对象房地产周边地区的自然环境和人文社会环境状况，自然环境包括大气环境、水文环境、声觉环境、视觉环境等，人文社会环境是估价对象所在社区的人口特征、治安环境、环境卫生、物业管理等方面。环境污染是影响房地产价格的负面因素，包括空气污染、水体污染、噪声污染等都严重影响居民的身心健康，降低其生活质量，居民都喜爱空气清新、水源清洁、绿化程度高的居住环境。同时，任何阶层的居民都倾向于靠近居民素质高、社会治安良好的住宅区，良好的治安环境与和谐的邻里关系能够极大地提升居民的安全感和归属感，这些地区的房价都会提升。

6.1.4 楼层对房价的作用机理

楼层作为重要的区位因素会影响到日常通达性、通风采光、日照、私密性、安全性、景观视野、环境质量等，以及顶层是否独享房屋顶面的使用权，底层是否独享室外一定面积空地的使用权等。楼层对通达性的影响主要是垂直通达性，有电梯的中高层住宅楼层对通达性的影响不大，无电梯的多层住宅楼层对垂直通达性的影响比较明显；在楼间距一定的情况下，楼层越高通风采光越好；日照时长除了与季节变化、楼间距和遮阳楼的高度有关，还与住宅自身所在楼层有关；住宅楼层越高私密性越好，可以不受或者较少受到周围环境的干扰，个人的隐私性较强，有利于防盗，安全性较高；楼层越高，视野越开阔，有开窗见景、高览胜景的效果；由于气温随着高度增加而降低，近地面低层空气中的污染物和粉尘易向高空移散，这个移散高度大约在 30 米，此高度以上，随着高度的增加空气质量逐渐提升。

6.2 楼层对住宅价格影响的案例分析

6.2.1 楼层对房价影响的分析方法

为有效反映房价与楼层的关系，同时增强不同项目间的可比性，我们采用楼层房价指数进行分析。楼层房价指数是指某楼层的平均价格与该栋房屋首层均价的比值。

首先，测算单栋建筑物的楼层房价指数，具体表达式为：

$$\mathrm{FI}_{ijm}=\frac{\overline{\mathrm{FV}_{ijm}}}{\overline{\mathrm{FV}_{0jm}}}$$

式中，FI_{ijm} 表示 m 住宅小区第 j 栋建筑物第 i 层的楼层房价指数；$\overline{\mathrm{FV}_{ijm}}$ 表示 m 住宅小区第 j 栋建筑物第 i 层房地产的平均价格；$\overline{\mathrm{FV}_{0jm}}$ 表示 m 住宅小区第 j 栋建筑物首层均价。

其次，测算住宅小区的楼层房价指数，具体表达式为：

$$\overline{\mathrm{FI}_{im}}=\frac{1}{n}\sum_{j=1}^{n}\mathrm{FI}_{ijm}$$

式中，$\overline{\mathrm{FI}_{im}}$ 表示 m 住宅小区所有楼栋第 i 层的楼层价格指数，FI_{ijm} 的内涵同上式。

最后，测算区域住宅房地产的楼层房价指数，具体表达式为：

$$\overline{\mathrm{FI}_{i}}=\frac{1}{n}\sum_{m=1}^{n}\overline{\mathrm{FI}_{im}}$$

式中，$\overline{\mathrm{FI}_{i}}$ 表示区域住宅房地产的 i 楼层房价指数，$\overline{\mathrm{FI}_{im}}$ 的内涵同上式。

6.2.2　数据来源说明

本章中所采用的数据源于对郑州市 2018 年以来新开盘预售的商品住宅项目的实地调查和网上查询，其中项目基本信息包括项目名称、项目位置、占地面积、容积率和开盘均价通过网上查询获得，而项目预售楼栋各层的价格通过实地调查各项目售楼部发布的楼盘预售销控表获得，实地查勘时间为 2020 年 3 月，所列各项目的开盘均价系 2020 年 3 月的开盘均价。由于目前郑州市住宅房地产市场上新建普通高层住宅项目较多，本案例分析重点关注新建高层普通商品住宅价格随楼层的变化情况。分析所涉及的新建高层普通商品住宅项目主要包括万科城、金科城、瀚海思念城、泰宏建业国际城、融侨中晟悦城、汇泉西悦城、金水锦艺城、保利尚园、汇泉景悦城、富田九鼎公馆、朗悦公园府、康桥九溪天悦、阅城、安纳西庄园、郑州碧桂园西湖、升龙天汇广场、保利溪岸一号院、正商绿景花园、鑫苑名城、万科大都会、美景美境、保利心语共 22 个项目。这些项目主要为高层普通商品住宅，但个别项目中也包括改善型的花园洋房等其他产品类型，为了增强样本间的可比性，在数据分析处理的过程中，仅选择这些项目中的高层住宅作为分析样本，去除掉了项目中的洋房及其他产品类型，项目基本概况见表 6–1。

表 6–1　案例项目基本信息

项目名称	项目位置	占地面积（公顷）	容积率	开盘均价（元 / 平方米）
万科城	高新区科学大道与西四环交会处西北角	105.40	2.49	12500
金科城	高新区科学大道与瑞达路交会处东南角	25.80	3.11	15500
瀚海思念城	金水区国基路与渠东路交会处	13.00	3.50	19000
泰宏建业国际城	二七区大学路与南三环交会处	199.98	3.50	13500
融侨中晟悦城	二七区航海西路（郑少高速连接线）与西四环交会处	4.13	3.49	13500
汇泉西悦城	中原区陇海路与西四环交会处	98.20	3.10	12600
金水锦艺城	金水区文化路与贾鲁河交会处两岸	146.67	3.49	14500
保利尚园	高新区科学大道与银屏路交叉口	19.07	4.49	15500
汇泉景悦城	中原区西三环与颍河路交会处	32.00	4.80	14300
富田九鼎公馆	管城区南三环金岱路（郑尉路）交会处	5.87	3.79	15500
朗悦公园府	高新区梧桐街与雪松路交叉口西北角	2.62	3.99	15400
康桥九溪天悦	高新区西三环开元路西 800 米	8.36	2.49	12800
阅城	高新区西三环与三全路交会处	6.78	3.99	15000
安纳西庄园	航空港区鄱阳湖路与凌寒街交会处	12.00	2.49	14000
郑州碧桂园西湖	中原区农业路西三环	770.00	2.99	15000
升龙天汇广场	中原区农业路与嵩山路交叉口	36.40	4.99	14200
保利溪岸一号院	金水中州大道与贾鲁河交会处西南角	40.00	2.92	17500
正商绿景花园	惠济区北四环（大河路）与西四环交会处	18.60	1.99	9500
鑫苑名城	二七区嵩山南路与南三环交叉口往南两公里路东	5.07	2.99	13200

续表

项目名称	项目位置	占地面积（公顷）	容积率	开盘均价（元 / 平方米）
万科大都会	二七区大学南路南四环西南部	5.88	2.99	12800
美景美境	金水区国基路渠东路交会处东北角	1.67	3.50	16500
保利心语	中原区中原路与华山路交叉口	3.90	5.50	14600

数据来源：以上数据信息通过有关房地产信息网站查询和实地查勘等途径获取。

6.2.3 楼层与房价关联性的统计分析

通过对前述 22 个项目高层住宅预售销控数据的整理，以首层为基准层，测算每层各套的平均价格与首层均价的比例关系。按照上述方法，先求取楼盘项目中每一栋各层的平均价格；再求取整个新建楼盘项目中各栋楼每层平均价格及各层房价与首层房价的比值；最后，综合各个新建楼盘的各层房价与首层房价的比值得出区域的平均值。具体结果见表 6–2。

表 6–2 郑州市高层住宅楼层—房价关系表

楼层 / 层	房价指数（%）	楼层 / 层	房价指数（%）
1	100.00	12	102.94
2	101.38	13	103.03
3	101.32	14	102.54
4	101.31	15	103.42
5	101.97	16	103.56
6	102.17	17	103.45
7	102.36	18	102.80
8	102.36	19	103.30
9	102.51	20	103.02
10	102.67	21	103.48
11	102.85	22	103.57

续表

楼层 / 层	房价指数（%）	楼层 / 层	房价指数（%）
23	103.48	29	102.61
24	102.96	30	102.17
25	103.40	31	102.43
26	103.24	32	102.12
27	102.90	33	100.27
28	102.50	34	99.26

注：楼层房价指数为定基指数，以各样本首层价格为 100%。

由表 6–2 中的数据可看出，郑州市高层住宅各层均价与首层均价的关系表现出先增大后减小的阶段性波动变化。对于限高百米的高层住宅，第 22 层价格最高，为首层价格的 103.57%，其后价格整体上增加幅度减小，其间，也有小幅度的波动变化，顶层价格最低，为首层的 99.26%，各层均价与首层均价的差异可以认为是楼层的不同造成的。

为了进一步直观地刻画楼层的不同对房价造成的差异，按照各层与首层的价格指数的变化趋势，我们可以把郑州市楼层房价指数划分为六个楼层段，分别是 1 层、2~5 层、6~14 层、15~27 层、28~32 层、33~34 层，其中，15~27 层价格指数最高，平均为 103.28%，顶层和次顶层价格指数最低，平均为 99.77%（见表 6–3）。

表 6–3　各楼层段价格指数平均值

楼层段	价格指数平均值（%）
1 层	100.00
2~5 层	101.50
6~14 层	102.60
15~27 层	103.28
28~32 层	102.37
33~34 层	99.77

6.3 住宅楼层指数表的编制

6.3.1 楼层指数编制的原则

本书根据对郑州市主城区新建楼盘项目的调查和统计分析，遵循客观原则、实用性原则、可比性原则、易操作性原则来编制楼层指数。客观原则就是要根据新建楼盘市场调查数据的统计分析结果；实用性原则就是在房地产估价活动中能够极大地满足估价技术修正体系的需求；可比性原则就是本次调查采集的交易样本主要是高层住宅，编制的楼层指数也仅适用于高层住宅；易操作性原则就是在估价时应该方便使用，同时符合客观事实情况。

6.3.2 住宅楼层指数表编制

本书根据对新建楼盘的统计分析并结合上述的编制原则，以首层为基准，将房价增长幅度分为六个楼层段，分别为 1 层、2~5 层、6~14 层、15~27 层、28~32 层、33~34 层，求取各楼层段增长幅度平均值，同时结合易操作性原则，对各增长幅度平均值进行小幅度的调整，得到郑州市高层住宅分楼层段楼层指数表，具体内容见表 6–4。

表 6–4 高层住宅分楼层段楼层指数表

楼层段	1 层	2~5 层	6~14 层	15~27 层	28~32 层	33~34 层
楼层指数	100%	101.5%	102.5%	103.25%	102.25%	99.75%

本部分对郑州市高层住宅楼层对房价的作用关系和作用机制进行了阐述，在通过市场调查获得郑州市 22 个高层住宅项目交易信息的基础上进行统计分析，总结了楼层对高层住宅价格的作用强度，进而编制了针对郑州市高层住宅的楼层指数，能够为用比较法开展房地产价格评估的楼层修正提供参考依据。这种基于市场提取法的思想，数据来源可

靠，结果具有很强的可信度和可操作性，能够用于地方房地产估价的实践中。当然针对不同地区、不同类型的住宅房地产，楼层对房价的作用强度存在一定的差异，这就要求在具体应用过程中编制不同地区的楼层指数。

7 比较法中主要比较因素的内涵及量化

7.1 比较法中比较因素的选择

比较法是房地产估价中最常用的方法，与其他估价方法相比是一种最直接、最直观且具有说服力的估价方法，但比较法的关键和难点在于比较因素的选择与修正。恰当选择和准确量化比较因素是确保使用比较法估价结果客观合理的基础。《房地产估价规范》规定了区位状况调整、实物状况调整和权益状况调整的主要内容，但对比较因素的选择和说明没有明确要求，仅指出具体内容和比较因素应根据估价对象的用途等情况确定，导致在估价实践中，估价专业人员仍无据可依，在估价测算中表现出很强的主观性。《城镇土地估价规程》中指出，比较因素应根据不同用途，并结合实际调查情况和估价对象的特点确定，因素描述应具体量化，不宜使用相同、较好、接近、较差等无具体含义的用语、无法量化的指标，应具体描述。该规定在一定程度上也可作为房地产估价中比较因素说明的参照标准。

影响房地产价格的因素既包括人口、经济、社会、规划、市场状况、制度与政策、国际形势等外部因素，又包括房地产的区位、实物状况（建筑物、土地）、权益状况等自身因素。对处于同一供需圈的房地产而言，外部因素基本上是一致的，在估价中应主要考虑自身因素对房地产价格的影响。在估价实务中，对比较因素的选择和使用还广泛存在内涵不明确、作用机制不清晰、说明不具体全面、量化分级依据不充分等问题，有待对比较因素选择存在的问题进一步总结，对比较因素选择的原则、内涵和量化方法开展进一步讨论。

7.1.1 比较因素的选择和存在的问题

7.1.1.1 因素内涵不够明确

因素内涵不够明确主要体现在比较因素的定义不明确或内涵及层次界定不清晰等方面。一是对比较因素的含义理解不明确或不全面，如有的估价报告中认为交通便捷度是估价对象距交通干道的距离。二是术语使用不恰当，不少估价报告混淆“位置”和“方位坐落”两个术语的层次关系，位置是主要区位因素之一，位置又可进一步采用方位坐落、与重要场所的距离、临街状况、楼层和朝向等因子来刻画，位置与方位坐落是因素与因子的关系，报告中经常把位置作为区位状况调整的一个因子，这在术语使用上是不恰当的。

7.1.1.2 因素作用机制不够清晰

价格因素的作用机制不够清晰主要体现在因素对价格的作用方向、影响程度、函数关系不够明确等方面。在作用方向上，同一因素对不同房地产可能是增值因素，也可能是减损因素。在作用程度上，不同因素对房地产价格作用程度不同，应明确主导因素和次要因素，楼层作为区位因素对住宅和商业影响程度不同。在函数关系上，大多数学者认为比较因素对价格的影响是单调的增或减函数关系，而事实上有些因素对房地产价格的影响不一定是单调函数，如地铁站点对住宅、商业房地产价格的影响并不是距站点越近房价就越高，而是有一个合理的临界区间。

7.1.1.3 因素说明不够具体全面

对价格因素的说明不够具体、全面，主要体现在对难以量化的因素仅采用定性评价。比如，对公共服务设施的说明仅用完善、较完善、一般、较差和差来说明，按照要求对价格因素的说明既要指出周边一定距离范围内公共服务设施的类型，还要针对估价对象对公共服务设施的类型有所侧重。对设施设备的说明仅用完备、较完备、一般、较不完备和不完备简单概括，未能给予具体描述并结合房地产类型对设施设备的主要方面和次要方面给予明确。对空间布局仅用合理、较合理等表示等级差异，而对各等级的状况没有界定。

7.1.1.4 因素量化分级依据不够充分

对比较因素优劣进行分级、分等或分类是确定比较因素的调整幅度和编制因素指数表的前提，但分级、分等或分类依据不充分是比较法较为常见的问题。在房地产估价中，确实存在不少难以用数学方法、统计模型、分类标准等来表达的因素，如公共服务设施完善度、环境质量优劣度、空间布局合理性等，这也要求估价中尽可能采用替代指标或多因子综合评价的思路来判断因素的水平或级别，而不是简单地进行级别或等级的划分。

7.1.2 比较因素选择的基本原则

7.1.2.1 主导性原则

影响房地产价格的因素是多种多样的，不同指标对房地产价格的影响也存在很大的差异。不同类型的房地产，其价格的主要影响因素也是不同的，诸如，对于商业房地产来说，商服繁华程度、临街状况和交通条件影响显著；对于住宅房地产来说，安全的周边环境和完善的服务设施更为重要；工业房地产更强调对外交通运输便捷性和产业集聚程度的重要性。因此，应针对不同类型的房地产，选择对房地产价格影响大、对房地产价格起主导性作用的因素作为比较因素。

7.1.2.2 代表性原则

影响房地产价格的因素很多，如果将所有的价格影响因素都纳入指标体系是不现实的，也是不科学的，需要在综合分析的基础上结合房地产的类型，选择影响不同类型房地产价格的最具代表性、典型性和决定性的主导因素。指标选择的代表性还要强调主观指标和客观指标的结构组合，尽可能使用能够量化的指标，减少主观指标的数量。

7.1.2.3　可比性原则

选择比较因素的目的是把具有替代性的可比实例在其自身状况下的价格修正为估价对象状况下的价格，所以选择的修正因素的可比性就至关重要。可比性一方面强调不同时点上同类房地产价格影响因素的可比性，在可比实例的成交时点和价值时点上指标的变化不大；另一方面强调指标测度口径或量纲的可比性，一般多采用能够使用相对数、比例数、指数或百分数等相对数进行测度的指标。

7.1.2.4　可操作性原则

影响房地产价格的比较因素尽可能选择可以采用定量方法、模型进行度量或通过调整转化为可度量的指标，同时还要注重方法模型的可操作性和数据的可获得性。有些指标从理论角度来看是很重要的，但量化评判的工作难度大、耗时费力，则尽量不选为指标。可操作性原则强调指标的可操作性和技术体系的可行性，以便评估专业人员在估价实务中进行选择使用。

7.1.3　房地产状况调整因素选择

比较法中房地产状况调整可分解为区位状况调整、实物状况调整和权益状况调整，由于构成房地产状况的因素比较复杂，这三种状况调整还应进一步分解为由若干具体因子构成的调整因子。

在房地产状况调整中，区位状况调整内容主要有：位置条件（方位、与有关重要场所的距离、临街状况、楼层和朝向）、交通条件（对外交通便捷度和公共交通便利性）、外部配套设施（基础设施和公共服务设施）、周围环境（自然环境、人文环境和景观）等。在比较法实务中可对以上因素有代表性地进行选择使用。

实物状况调整可分为土地和建筑物两种财产类型，对于土地来说，主要实物因素有：面积、形状、地形、地势、地质条件、开发程度等；对于建筑物来说，主要实物因素有：建筑规模、建筑结构、设施设备、装饰装修、层高、空间布局、建筑性能、工程质量、建筑外观、新旧程度、物业管理等。

权益状况调整的因素主要有规划条件（建筑密度、建筑高度、容积率、绿化率等）、土地使用期限、共有情况、其他物权设立情况、租赁或占用情况、拖欠税费情况、查封等其他限制权利情况等。在估价实务中，权益调整最主要的还是规划容积率和土地使用年期调整。

7.2 房地产状况调整因素的量化思路

能够直接测度的因素变量可直接采用特征变量实际数值的大小或高低水平进行表示，定性变量的量化可采用二元虚拟变量或分等级赋值的办法进行量化。

7.2.1 区位状况因素的内涵及量化

区位一般指事物或经济活动占有的场所及与其他场所的相对关系。区位是房地产价格的重要影响因素，区位状况可从位置条件、交通条件、基础设施、公共服务设施和周围环境五个方面加以刻画或度量。

7.2.1.1 位置条件

位置条件可选择方位坐落、与有关重要场所的距离、临街状况、楼层、朝向和商服繁华程度因素进行量化比较修正。

（1）方位坐落

方位作为一个区位因子包含两个方面的内涵：一是估价对象在城市层面上的坐落、所处的区域及区域的功能类型；二是估价对象在宗地层面上所处的方位，如果是住宅，可认为是估价对象所在建筑物在小区中的方位，如果是办公用房，可认为是估价对象所在建筑物在办公街区中所处的方位。关于方位的量化，不同机构采用的方法不同，有的采用分等级形式进行说明，但等级划分依据不足，本书认为可采用估价对象所属土地类型的级别来衡量方位坐落，土地级别可参考当地的基准地价定级成果，对于工业用房也要考虑行业的特殊性或专用厂房对位置或方位的特殊要求。

（2）与有关重要场所的距离

与有关重要场所的距离主要指估价对象与城市中心区、机场、火车站、各级商业商务中心、教育医疗及政府机关等场所的远近程度。首先是估价对象与城市中心的距离，与城市中心的距离越短，房地产价格会越高。其次是不同类型场所对不同房地产的价格影响程度不同，住宅对医院、中小学校、公园等的远近较为敏感，商业对距大型商业中心、商业街区的远近较为敏感，工业厂房则对机场、火车站、场站、物流中心、高速公路出入口等站点的远近比较敏感。与有关重要场所的距离可以采用直线距离、道路里程和交通时间来度量，在估价实务中常常采用直线距离表示，其实直线距离难以反映交通线路及交通组织状况，建议采用道路交通里程或交通时间表示。道路交通里程或交通时间可以通过百度、高德等电子地图的导航功能查询获得，比如，百度电子地图的导航功能提供了包括公交、驾车、骑行和步行等多种交通方式的交通里程和交通时间，在估价实务中可以引用。

（3）临街状况

临街状况对不同类型房地产价格的作用方向是不同的，是商业类房地产的增值因素，其量化可从其所临街的等级、临街宽度、临街深度和临街数量等方面加以度量。对住宅则是减值因素，临街带来的空气、噪声和光污染对房地产价格起到减损作用，其量化可从临街距离、临街方位（朝向临街或山墙临街）等方面加以评价。

（4）楼层

估价对象所处的楼层和总楼层对住宅、商业及办公等房地产的价格都有不同程度的影响，尤其对商业房地产的影响最为显著。调查发现，商业一层与二层及以上楼层的房价或租金价差能达到40%~60%。楼层对住宅价格的影响因多层和高层住宅而不同，对于多层住宅，一般认为中间层价格高于底层和顶层；对于高层住宅，不少人认为房价随楼层的增加而升高，事实上并不一定是线性关系，需要通过交易实例加以验证，楼层对房价的影响可通过编制楼层指数或修正系数给予修正，楼层指数的编制可通过市场提取法完成，这一点在前文第 6 章已详细讨论。

（5）朝向

朝向是指建筑物正门、阳台或窗户所面对的方向，对住宅而言是指主要房间的主采光窗的立面所对的方向。朝向对建筑物的通风、日照和采光有不同的影响，朝向选择既要考虑尽可能多的日照，又要避免夏季东、西日晒；既要考虑通透性，又要避免冬季的主导风向。对朝向优劣分类可从日照、通风、采光及中国建筑文化传统等方面来综合确定。不考虑其他景观因素的影响，朝向优劣可分为南 > 东南 > 西南 > 东 > 西 > 西北 > 东北 > 北，依次确定各朝向对房地产价格的影响程度。

（6）商服繁华度

商服繁华度对不同类型房地产的价格影响程度不同，商服繁华度是商业类房地产的主要区位因素，而对工业房地产的影响不是很明显，对住宅房地产在影响程度和价格作用方向上相对复杂。商服繁华度是一个综合性指标，需要根据多方面的具体情况进行判断。商服繁华度的量化可从估价对象所处商业中心区的等级、距商业中心区的距离、商业氛围和信誉等方面加以度量或评判；对于商务金融办公用房而言，商服繁华度更多的是关注商务金融服务集聚程度。①商业中心等级一般可划分为国际商业中心、都市商业中心、市级商业中心、区级商业中心和社区商业中心，各级商业中心的主要特征见表 7–1，根据其特征可以对估价对象所属商业中心的等级进行判断。②对同一商业中心，不同的位置其繁华度也不一样，同一商业中心位置可分为商业中心核心区、商业中心核缘区和商业中心边缘区三个层次（刘志刚等，2008），可以通过说明估价对象所处商业中心的空间层次来反映其商服繁华度，也可以采用到商业中心的时间或交通里程来表示。③商业氛围和信誉，指估价对象所处市场的商业氛围和信誉情况，可以通过说明估价对象所处市场在同类市场和整个城市市场中的商业氛围和信誉状况及影响范围来反映，具体可采用问卷调查的方法对商业氛围和信誉度进行等级划分。④商务金融服务集聚程度主要指各级办公机构和各种金融机构的数量和分布情况，可以通过说明商务金融服务集聚区的写字楼规模及等级、银行的类型和数量、分布情况以及金融自主服务网点的数量和分布情况来反映。

表 7–1 不同等级商业中心的主要特征

商业中心等级	主要特征
国际商业中心	城市城区内，零售业、餐饮业和文化体育娱乐业的整体营业规模巨大，在国内具有高知名度，在境外具有较高知名度，客流量很大，且客流中有相当比例的境外人士；以国际和国内知名专业店、专卖店、大型百货店、购物中心为主，其他相关配套服务业齐全；夜间经济活跃
都市商业中心	城市城区内，零售业、餐饮业、文化体育娱乐业的整体营业规模巨大，在国内具有较高知名度，客流以境内中高收入群体为主，并有一定数量的境外人士；以国内知名品牌专业店、专卖店、大型百货店、购物中心为主，并有部分国际知名品牌专业店、专卖店，其他相关配套服务业齐全；夜间经济活跃
市级商业中心	城市城区内，零售业、餐饮业、文化体育娱乐业的整体营业规模较大，在城市内及周边地区具有一定的知名度，客流主要是市内及周边地区的中高收入群体和一定数量的旅游者；零售业主要是大中型百货店、购物中心、超市及一定数量的专业店、专卖店；其他相关配套服务业齐全；有一定的夜间经济活动
区级商业中心	城市城区内，零售业、餐饮业、文化体育娱乐业具有一定的整体营业规模，客流主要是本区域内的居民、少量的本市其他地区及本市以外的居民；零售业以中型百货店、超市和便利店为主；餐饮业和居民服务业较为齐全
社区商业中心	城市城区内，客流主要是大型居住区域或周边若干个居住小区的居民；零售业主要是超市、便利店、露天式农产品市场和小商品市场，所销售的商品绝大多数是食品和日常生活用品；居民服务和其他服务业齐全、拥有再生物资回收服务

7.2.1.2 交通条件

交通条件主要包括交通类型、路网等级及结构、交通工具、交通组织和场站的等级及优劣程度等，总体上可从内部交通便利性和外部交通便捷度两个方面进行量化比较。不同类型的房地产对内外交通条件的敏感度不同，内外交通条件对不同类型房地产价格的作用方向和影响程度也不同，住宅、商业房地产对内部交通便利性较为敏感，而工业房地产则对外部交通便捷度更为敏感。

（1）内部交通便利性

内部交通便利性的评价可从城市道路通达度和公共交通便利度两个方面进行评判。①城市道路通达度可从距估价对象最近的道路的等级类型、估价对象周围路网结构和分布状况、路面状况等方面来反映，城市道路等级的划分可参考表 7–2。②公共交通便利度可从公共交通的线路数量、距公共交通站点的距离及公共交通台班的班次等方面考量，一般认为距公交站点步行 5~10 分钟的距离是最合适的（500~1000 米）；建有轨道交通的城市还要考虑地铁等轨道交通对房地产价格的影响，可采用步行至轨道交通站点的时间来表示。需要着重强调的是，轨道交通站点作为城市重要的人口集散节点和商业节点，其对不同类型房地产价格的影响都不是距离的单调函数。

表 7–2 城市道路等级分类

道路等级	主要特征
快速路	城市中为联系城市各组团的中、长距离快速机动车交通服务的机动车专用道路，属全市性的交通主要干线道路
主干路	城市中主要的常速交通道路，主要为相邻组团之间和与市中心区的中距离交通服务，是联系城市各组团及城市对外交通枢纽的主要通道
次干路	城市各组团内的干线道路，次干路联系主干路，并与主干路组成城市干路网，在交通上主要起集散交通的作用
支路	城市一般街坊道路，在交通上起汇集性作用，是直接为用地服务和以生活性服务功能为主的道路（包括商业区步行街等）

资料来源：《城市综合交通体系规划标准》（GB/T 51328—2018）。

（2）外部交通便捷度

外部交通便捷度是区域人流、物流通过汽车站、火车站、港口、码头和机场等交通设施与城市外界联系的方便程度，不同类型房地产对外部交通便捷度的敏感度不同，工业厂房类房地产的价格对外部交通的便捷程度更为敏感。外部交通便捷度可通过距高速公路出入口、汽车站、铁路客货运场站、港口、码头及机场的时间距离或道路里程来反映。

7.2.1.3 基础设施

基础设施指估价对象所在宗地红线外的道路、给水、排水、供电、通信（互联网、有线电视）、燃气、暖气的普及程度和保障情况。

（1）基础设施完备度

对于大多数城市来说，住宅、商业、办公和工业等各类型房地产基本上都能实现通路、通上水、通下水、通电和通信，保证率也较高，这些基础设施条件对各类房地产价格的影响已非常小。当前条件下，基础设施条件完备度应该更多地关注估价对象所处宗地红线外是否通燃气和暖气，以及燃气和暖气对房地产价格的影响程度。

（2）基础设施保证率

基础设施保证率要考虑供电、供水、排水、供暖和供气的保障情况，尤其是排水通畅程度、冬季供暖效果等对住宅价格的影响较为显著。但是，对于工业用房而言，生产用电、生产用水、排污治污条件以及通信条件是需要重点考虑的主要区位因素。

7.2.1.4 公共服务设施

公共服务设施是指为居民提供公共服务产品的各种公共性和服务型的设施条件，可分为城市公共设施和配套服务设施两类。对住宅而言，要考虑一定距离范围内，各类配套服务设施包括教育、医疗卫生、文化体育、商业服务、金融邮电、社区服务等的完善程度对房价的影响，尤其是义务教育学校的知名度，名校学区通常会比非名校学区的房价高很多。在量化公共服务设施因素的过程中，服务设施可从设施种类、规模、档次方面加以分级。

7.2.1.5　周围环境

周围环境是指对房地产价格有影响的一定范围内各种自然环境、人文环境。

（1）自然环境

自然环境是指人类生存和发展所依赖的各种自然条件的综合。对估价对象周围自然环境优劣的评判可从大气环境、水环境、声环境、绿化环境等方面予以综合评价其等级。大气环境可通过空气质量良好天数或空气质量良好天数所占比例来量化；水环境可通过监测点地表水质或区域出水断面水质监测质量来度量；声环境可采用城市噪声监测结果表示；绿化环境可通过绿化覆盖率、绿植配置和名贵程度反映。在估价实务中，为便于操作，一般可选择估价对象周边自然景观环境质量来综合衡量其自然环境，具体指标可采用由估价对象与所见的景观类型（河景、湖景、海景、山景）及距特定景观场所的时间或交通距离来判定自然景观环境的优劣等级。

（2）人文环境

人文环境可从房地产周围人口结构特征（受教育程度、职业类型、收入水平等）、治安环境、教育环境、文化环境和卫生环境等方面予以评判。在估价实务中，人文环境可考虑采用学区的档次和知名度给予量化比较，或采用与城市文化场馆设施（图书馆、博物馆、科技馆、美术馆、体育馆、展览馆等）的时间或交通距离予以量化。对办公用房而言，房户间的相互关系往往会提升或降低企业的形象和声誉，进而对房地产的租金和价值产生一定的影响。

7.2.2 实物状况因素的内涵及量化

7.2.2.1 土地实物状况因素量化

反映土地实物状况的属性特征主要有土地面积、形状、地形地势、地质条件等。

（1）土地面积

宗地面积过小会导致土地开发利用的限制增大，一方面会降低土地开发利用的功能；另一方面也会增加建设成本，影响土地的利用，进而降低土地的价格。土地面积过大，则需要支付更高的地价款，成为购买者的限制门槛；同时，土地面积过大可能造成开发利用的集约度降低，以至于降低土地的价格。土地面积对土地价格的影响，针对不同用途的开发利用项目来评判，合适的面积规模才能达到最高的开发效益、利用效益和最高的地价水平。对住宅用地而言，居住小区规模过大或过小都不能实现最有效利用，居住小区的面积以不跨越城市市政道路为最佳规模，具体的量化标准可采用城市近几年出让住宅地块面积的中位数或简单算术平均数为最优规模，低于或高于该面积都会带来价值减损。

（2）形状

现实中土地会以很多形状出现，诸如矩形、梯形、三角形及其他不规则形状等。从利用效率来看，不同形状土地的开发利用效率从大到小依次为矩形（长方形和正方形）、平行四边形、梯形、多边形、圆形、三角形、线条形等，当然土地开发利用效率还与土地面积大小有关，面积越大，形状对地价的影响就越小。量化形状对地价的影响可以按矩形、多边形、三角形、线条形等设定影响等级，进而量化确定不同形状等级对地价的影响程度，注意面积规模的间接影响，规模越大，形状对地价的影响程度越小。

（3）地形地势

地形地势是指土地的地貌形态和起伏程度。地形地势可采用坡度和平整度指标来度量，坡度和平整度有一定的关联性，但内涵不完全相同。坡度反映的是土地整体的起伏状况，而平整度反映的是在一定的地势情形下地块内部的高低起伏状况。坡度和平整度与土地开发效益和地价有密切的关系，坡度大会降低土地的利用效益，从而对地价有减损影响；坡度大还会造成开发成本增加，进一步影响地价。地块内土地平整度也对土地开发成本有直接的影响，地块内越不平整，工程量就会越大，在一定程度上导致地价下降。地形地势对地价并不必然有突出的影响，在不同的地区或对不同用途的建设用地地价影响不同，平原地区地形地势特征可以不必给予过多考虑。对于不同用途的土地，适宜建设的地形坡度或平整度区间也不同，居住用地的适宜坡度区间在0.3%~10%，而铁路站场用地的适宜坡度区间在0~0.25%，对于住宅用地来说地形地势对地价的影响不是主导因素。

（4）地质条件

地质条件是土地所具有的与地质有关的自然条件和潜在的地质灾害类型的综合，地质条件包括地形地貌、场地稳定性、地基承载力、自然灾害危害程度等。地质环境条件因影响工程建设的开发成本而影响土地价格，对以场地为主的工业用地来说，地基承载力和场地稳定性是主要因子，而以使用地上建筑物为主的住宅、商业和办公房地产考虑更多的是地形地势和自然灾害等因子对地价的可能影响。区域地质条件优劣评判可通过城市规划查勘报告和工程地质图编制工程地质分区评价图予以分级或分类。现实中，局部区域的地质条件往往具有相对的一致性，不会因地质条件的不同而使地价有明显的差别，地质条件一般不必作为影响住宅、商业等房地产价格的主要因素予以修正。

7.2.2.2 建筑物实物状况因素量化

（1）建筑结构

建筑结构是由板、梁、柱、墙、基础等结构配件组成的具有一定空间功能并能承受各种正常载荷和作用体系的骨架结构。建筑结构按使用材料不同可分为砖木结构、砖混结构、钢混结构和钢结构，建造成本由小到大，对房地产价格的影响也由小到大。不同建筑结构对房价的影响可从建筑结构的造价与房地产价值的关系编制结构价格指数，或者根据不同结构间的造价差异对房价影响的差异程度编制修正幅度指数来对建筑结构进行比较修正，由于结构对建筑物价值影响较大，实际估价中一般会选择与估价对象结构相同的交易案例作为可比实例。

（2）设施设备

设施设备因素指建筑物内部设施设备的齐全与完好情况，设施设备应从完备程度、保证率、品牌品质、先进程度和维护状况等方面加以综合评价。对住宅房地产除了要关注常规设施设备，还要关注是否有先进的设施设备，如新风系统、中央空调等；对于商务办公用房要重点关注垂直交通系统，主要是电梯设备的数量、质量、速度和承载量对办公用房的价格会产生一定的影响，智能化程度包括消防、安防、通信和智能楼宇等对商务办公用房价格会产生影响。

（3）装饰装修

装饰装修是根据室内各功能区的使用性质，运用物质技术手段并结合视觉艺术，达到安全卫生、功能合理、舒适美观、满足人们生活需要的空间效果。按装修的档次可分为毛坯、简单装修、中档装修、精装修和豪华装修。装饰装修对房地产价格的影响可从不同档次装饰装修的单位面积成本的差异程度及与房价的关系确定，实际估价中可通过对比实例的装饰装修水平进行修正。

（4）空间布局

空间布局指房屋的平面布置和室内各功能空间的分割及连通情况。平面布置合理、各功能空间联系方便、有利于建筑物空间的合理有效使用，则房价就高，反之则低。不同用途的建筑对空间布局的要求不同，对住宅而言，主要指户型结构的合理程度，户型合理程度应该参照《住宅设计规范》和《住宅建筑规范》从功能分区、房屋开间、开放空间和私密空间营造及通风采光等方面给予综合评价。

（5）新旧程度

新旧程度指房屋建成年份及使用过程中的修缮情况对房屋成新的影响。引起建筑物折旧的原因是多方面的，包括物质折旧、功能折旧和外部折旧等，房地产新旧程度采用年限法度量是不全面的。估价中房屋的成新度可采用房屋完损等级来衡量，房屋完损等级可参照《房屋完损等级评定标准（试行）》《经租房屋清产估价原则》，从主体结构、装饰装修、设施设备的完好程度及维修状况来综合确定。

7.2.3 权益状况因素的内涵及量化

权益状况是对房地产价格有影响的房地产权益因素的状况。权益状况调整的内容包括规划条件、土地使用年期、共有情况、其他物权设立情况、租赁或占用情况、拖欠税费情况、查封等形式限制权利情况等。在实际估价中，要求比较实例的权利性质与估价对象的权利性质相同，权益状况调整主要是容积率调整和使用年期调整。

7.2.3.1 容积率

容积率是指宗地的地上建筑总面积与净用地面积的比率。容积率是衡量建设用地使用强度的重要指标，容积率对土地或房地产价格的影响机制比较复杂，不是简单的线性关系。从开发成本的角度来说，容积率决定地价成本在房屋中所占的比例，在报酬递增递减规律作用下，容积率对地价的影响也表现为报酬递增进而递减的趋势；容积率对地价的作用程度与城市规模呈正相关关系；在同一城市内部容积率对地价的影响表现为从中心向外围逐渐减小；容积率对不同类型地价的影响强度也不同，表现为商业高于住宅，住宅高于工业。从土地使用者的使用效用来说，容积率越低，居民的舒适度越高，房地产价格也会越高。在实际估价中，容积率因素对土地或房地产价格的影响程度的度量可参考当地政府发布的基准地价评估成果中的容积率修正系数表或指数表进行容积率修正。

7.2.3.2 使用年期

土地使用年期的长短直接影响土地收益的期限，对土地和房地产的价格有直接的影响。土地使用期限越长，土地的总收益就越多，其价格也会因此升高。土地使用年期修正是为了消除比较实例与估价对象之间因使用年限的不同而对土地或房地产价格造成的影响。土地使用年期修正系数可通过以下公式进行量化计算：

$$k=\frac{1-\frac{1}{(1+r)^m}}{1-\frac{1}{(1+r)^n}}$$

式中，k 为可比实例使用年期修正到待估宗地使用年期的年期修正系数；r 为土地还原率；m 为待估宗地使用年期；n 为可比实例使用年期。

合理对房地产价格影响因素进行描述与说明并确定其对房地产价格的影响方向和程度是运用比较法开展房地产估价的重要环节，如何量化价格影响因素及其对房价的影响，尤其是难以定量表达的因素，是比较法中悬而未解的问题，这在一定程度上影响了比较法的科学性和客观性。本书仅对部分因素因子的内涵和量化思路给予了相应的讨论，在操作时量化比较因素并科学地对因素的水平或类型进行分级、分等或分类，科学确定主次要因素对房价的影响程度及修正幅度，仍是需要进一步研究和讨论的问题。

第三篇

现代信息技术在估价中的应用探索

8 大数据技术在估价中的应用探索

大数据、智能化生产和无线网络革命被称为引领未来繁荣的三大技术变革。随着互联网、物联网等新一代信息技术的迅猛发展，全社会数据规模呈爆炸式增长，各种视频监控、监测等设备也源源不断地产生巨大的媒体数据。大数据已渗透到工业生产、交通管理、医疗卫生、金融服务、房地产估价等各行各业，成为信息社会的宝贵财富。通过挖掘分析和数据整合，大数据所隐藏的经济效益将得到逐步的释放。面对扑面而来的大数据浪潮，土地和房地产估价行业同样肩负着依托信息化手段收集、处理、整合、加工和挖掘数据，进而提高估价行业专业化程度和估价作业效率的使命。

8.1 大数据及房地产大数据概论

8.1.1 大数据的概念及特征

8.1.1.1 大数据的定义

“大数据（big data）时代”的概念最早由国际知名咨询公司麦肯锡提出，其在《大数据：创新、竞争和生产力的下一个前沿领域》报告中称：“数据已经渗透到每个行业和业务职能领域，成为重要的生产因素，人们对海量数据的挖掘和运用预示着新一轮生产率增长和消费者盈余浪潮的到来。”报告同时指出，大数据指的是大小超出常规的数据库工具获取、存储、管理和分析能力的数据集。大数据是以容量大、类型多、存取速度快、应用价值高为主要特征的数据集合，正快速发展为对数量巨大、来源分散、格式多样的数据进行采集、存储和关联分析，从中发现新知识、创造新价值、提升新能力的新一代信息技术和服务业态。

在大数据时代，数据决定着企业的发展，虽然当前不少企业可能还没有意识到数据爆炸性增长的严峻局势，但是随着时间的推移，人们越来越多地意识到数据对企业的重要性。大数据时代要求企业内部要不断增强整合数据的能力、探索数据背后的价值和制定精准行动纲领的能力，以及进行精准快速实时行动的能力。

8.1.1.2 大数据的来源

根据大数据的来源，大数据可分为来自人类活动的大数据、来自计算机的大数据和来自物理世界的大数据三大类型（方巍等，2014）。来自人类活动的大数据是指人们在社会网络、互联网、金融、健康、经济、交通等活动过程中所产生的各类数据，其数据类型主要有微博、记录、文字、图形、视频等。来自计算机的大数据是各类计算机信息系统产生的数据，以文件、数据库、多媒体等形式存在。来自物理世界的大数据主要是各类数字设备、科学实验与观察所采集的数据，诸如视频监控数字信号、医疗特征值记录、气象业务系统采集的海量数据等。

8.1.1.3 大数据的特征

大数据作为一个庞大的数据系统，除其数据体量远超过传统的数据系统之外，还具有处理速度快、数据类别多、数据真实性强和商业价值高的特点（大数据战略重点实验室，2017）。

（1）数据体量大。互联网技术的发展和多种传感器的使用，使用户的每个行为都可能以图片、视频或音频等形式被记录下来，从而产生大量的数据。大数据的规模是一个不断变化的指标，单一数据集的规模从几十个TB到数个PB不等，各方研究者虽对大数据量的统计和预测结果不完全相同，但一致认为数据量将急剧增长。

（2）处理速度快。针对庞大的信息量和数据的时效性需求，传统的数据处理模式已经难以满足数据处理的要求。大数据处理主要采用批处理和流式处理方式，数据创建、处理和分析的速度持续加快，数据正以传统系统不可能达到的速度在产生、获取、存储和分析。大数据分析处理对时间敏感的流程及一些必须实时分析的数据类型极为有利，业务价值也较大。

（3）数据类别多。大数据类型多样，已不再局限于单一的文本信息。从生成类型上分为交易数据、交互数据、传感数据；从数据来源上分为社交媒体、传感器数据、系统数据；从数据格式上分为文本、图片、音频、视频、光谱等；从数据关系上分为结构化、半结构化和非结构化数据等；从数据所有者分为公司数据、政府数据、社会数据；等等。

（4）数据真实性强。数据的真实性包括可信性、真伪性、来源和信誉的有效性和可审计性等，通过大数据分析可以真实地还原和预测事物本来的面目。不确定性的确认和规划的需求是大数据的一个维度，这是随着高管需要更好地了解他们身边的不确定性而引入的维度。

（5）商业价值高。大数据能够通过规模效应将低价值密度的数据整合为高价值数据。为了保证数据信息的完整性，计算机及其他传感设备往往会将数据的关联内容进行完整存储，导致很多价值不高的信息纳入处理范围，直接降低了数据的价值密度，但整合后的结构化大数据会显化为较高的商业价值。

8.1.1.4　相关研究现状

大数据已引起学术界、产业界和政府部门的高度关注。国际顶级学术期刊《*Nature*》于 2008 年出版了 *Big Data* 专刊，从互联网技术、网络经济学、超级计算、环境科学、生物医学等多个科技领域介绍了大数据带来的挑战。《*Science*》也于 2011 年推出数据处理 *Dealing with Data* 专刊，讨论了大数据带来的挑战和大数据科学研究的重要性。IT 行业的 IBM、亚马逊、百度、阿里巴巴和腾讯等国内外多家知名互联网企业都是大数据的主要推动者，相继推出了各自的大数据产品。2012 年，美国启动了“大数据研究和发展计划”，旨在提高和改进人们从大型复杂的数字数据中提取知识和观点的能力；同年，美国发布《大数据研究和发展倡议》，将大数据作为国家重要的战略资源进行管理和应用。中国也敏锐地把握了大数据的发展趋势，《国家中长期科技发展规划纲要（2006—2020）》和《“十二五”国家战略性新兴产业发展规划》都提出支持海量数据存储、处理技术的研发和产业化；国务院发布的《促进大数据发展行动纲要》提出了全面推进中国大数据发展和应用，加快建设数据强国；《大数据产业发展规划（2016—2020）》全面制定了“十三五”期间大数据产业的发展计划。广东、上海、贵州等地也率先启动了大数据地方政策。

8.1.2 房地产大数据概述

8.1.2.1 房地产大数据的内涵

房地产大数据是指与城市房地产行业相关的数据信息的获取、存储、分析和应用的综合。对于一个城市来说，房地产交易越活跃，其所产生的房地产数据就越多。房地产大数据研究是指通过对海量房地产大数据搜索、统计、比较，发现潜在的关联，获取有用的市场信息，把握市场变化规律和发展趋势并进行预测。海量房地产大数据的分析研究，有助于开发企业及购房者及时掌握市场发展的动态，科学引导市场供需，合理制定产业发展的调控政策。

8.1.2.2 房地产大数据的类型

房地产业是一个由土地供应、房地产开发、房地产交易、金融机构、经纪中介、购房者等多方参与的多层次、多结构的复杂大系统。

（1）从数据类型来进行分类，房地产大数据是有关房地产的空间及权属信息数据、市场交易数据、参与主体动态行为数据，以及与房地产相关的宏观经济、土地、人口、交通等的数据集合。房地产空间及权属信息数据是房地产的基础数据，包括位置坐落、房屋楼栋、建筑信息及权属登记信息等。房地产市场交易数据包括新增商品房市场预售与成交量及价格、存量房市场成交量及价格、房屋抵押登记、房地产价格评估以及租赁市场量价数据等。参与主体动态行为数据主要涉及购房者的网络关注度数据，蕴含着大量对房地产市场的需求选择、兴趣取向等重要信息，可用于分析细分市场的需求。房地产相关宏观经济数据包括地区经济发展、金融投资、土地规划及利用、土地交易信息、人口、交通、城市规划等。

（2）从数据来源进行分类，房地产大数据主要包括政府及房地产管理部门发布的官方统计数据、不动产登记数据；各类相关专业机构及互联网机构掌握的房地产交易数据、需求者的线上线下行为数据、城市静态 POI 数据，以及互联网开源数据等；房地产估价、经纪及咨询机构掌握的各类业务数据等，尤其是房地产估价机构在长期经营的过程中，所积累的海量用户的业务全流程记录所形成的庞大的结构性数据资源是房地产估价机构的重要数据资产，将成为机构核心竞争力的重要方面。

（3）从数据的生产阶段进行分类，房地产大数据可分为原始数据、中间数据和结果数据。其中原始数据包括来源于政府部门公开发布的数据、房地产经纪人反馈数据、市场交易数据、市场咨询数据、网站提供的数据、估价和经纪机构积累的数据等。中间数据是对原始数据进行整理、筛选、核验和结构化之后形成的相对规范、准确、可用于房地产经营、管理、估价等服务的数据。结果数据是在中间数据的基础上经过分析、测算和判断所形成的市场分析报告和估价结果及估价报告等。

8.1.2.3 房地产大数据的应用领域

房地产大数据在房地产行业中的应用日益广泛，主要包括房地产发展周期研究、房地产市场监测分析和发展趋势研究、房地产经济运行和预警研究、房地产精准营销、房地产价值评估、房地产价格影响机制研究等（谬涛、李晶，2020）。在房地产发展周期研究方面，武汉市房产信息中心建立了基于大数据管理模式的房屋全生命周期基础数据库，形成了包括规划建设、市场管理、确权登记、使用维护和灭失注销五个房屋生命周期阶段和一个住房保障专题的平台总体结构。在房地产市场监测分析和发展趋势研究方面，建立房地产市场监测信息系统，形成房地产市场动态信息数据库，结合 GIS 空间大数据平台建立时空立方体、房地产市场的多维度分析模型，提供城市房地产市场动态分析与预测预警（沈志刚等，2022）。自然资源部建设的房地产分析与决策支持系统提供了 13 个专题 135 个模块 256 个指标的应用服务，高效实现了海量数据的秒级实时搜索、在线分析和数据挖掘，可构建新专题、形成新指标、进行全库统计并生成报告，为国家提供重要决策支持。另外，利用互联网大数据编制房地产价格指数可以在很大程度上改善已有房价指数覆盖面小、房地产研究机构和中介机构发布的价格信息差异大的问题。在房地产价值评估方面，有学者提出基于云计算的城市房地产估价信息系统，将云计算、云存储、物联网等先进的互联网管理模式和数据处理技术，引入估价行业，能够有效地管理估价数据，提高估价效率和精确度，突破地域限制，扩展估价作业范围，为客户提供更加便捷的在线估价及综合咨询业务。

国内主要的房地产估价信息平台见表 8–1。

表 8–1 国内主要的房地产估价信息平台

系统名称	系统简介
云估价	云估价是由深圳房讯通信息技术有限公司发起，后联合国内众多房地产估价机构联合打造的房地产估价行业信息化平台。主要产品有云查勘数据采集系统软件、估价宝软件和云估价数据查询软件
中房评	中房评房地产估价数据平台主要有 E 采宝、E 堪宝、行政管理专业咨询系统、自动估价系统和批量估价系统等产品
中估联行	智能评估支持系统（VISS）和估价作业支持系统（VOSS），实现联盟内部在房地产数据库、信息化系统建设、作业流程、技术标准和服务规范的优化和统一
云房数据	北京云房数据技术有限公司资助研发的房地产在线估值系统房估估和评 E 评，房估估主要为房产买卖投资及贷款人员提供在线估值、委托评估等服务，提供案例展示、价格走势、市场解读等数据信息。评 E 评是估价机构的估价作业平台，可以实现查勘作业电子化、报告撰写软件化

续表

系统名称	系统简介
智地数据	智地平台由上海智讯信息科技有限公司研发，主要有智地数据库、外业查勘系统、自动生成报告系统、OA 管理系统、价格模型测算系统和押品贷后复评及开发风险管理系统。具备住宅、商业及办公用途房地产基础信息及价格查询、图片信息展示、住宅价格预评和房地产资讯查阅等功能

8.2 大数据在房地产市场调查中的应用

8.2.1 郑州市房地产调查及数据获取

8.2.1.1 郑州市社会经济概况

郑州位于河南省中北部，是河南的省会城市，全省首位城市，入选国家中心城市建设序列。郑州下辖 6 个区、5 个县级市和 1 个县，全市总面积 7567 平方千米。2021 年末，全市常住人口 1274.2 万人，常住人口城镇化率为 79.1%。2021 年，郑州实现地区生产总值 12691 亿元，比上年增长 4.7%；地方财政总收入 1929 亿元，比上年增长 1.1%。2021 年，郑州市房地产开发投资完成额比上年下降 10%，其中，住宅下降 5.8%。2021 年，商品房屋施工面积 20503 万平方米，同比增长 5.4%，其中，住宅施工面积 14002.3 万平方米，同比增长 6%。商品房新开工面积 3169 万平方米，同比下降 3.7%，其中，住宅 2490 万平方米，同比增长 9%。商品房屋竣工面积 2193.1 万平方米，同比增长 50%，其中，住宅 1520.3 万平方米，同比增长 47.3%。房屋实际销售面积 2699.3 万平方米，同比下降 21.2%，销售金额 2608.5 亿元，同比下降 22.36%。待售房屋面积 806.8 万平方米，同比增长 6.4%。郑州市主城区包括金水区、二七区、中原区、惠济区和管城回族区 5 个市辖区，郑州高新技术开发区、郑州经济技术开发区 2 个国家级开发区和郑东新区，共计 81 个街道办事处和乡镇，面积 1032 平方千米。

8.2.1.2 市场调查范围设定及数据说明

本节所采用的数据为河南省豫通房地产评估咨询有限公司对郑州市主城区 2022 年 8 月的日常动态调查数据，调查的范围包括金水区、二七区、管城回族区、中原区、惠济区、郑东新区、郑州高新技术开发区、郑州经济技术开发区和郑州航空港经济综合实验区。主城区的调查范围划分为 90 个片区，其中金水区 30 个、二七区 11 个、管城回族区 11 个、中原区 10 个、郑东新区 23 个、惠济区 3 个、郑州高新技术开发区 1 个、郑州经济技术开发区 1 个。按照代表性、市场活跃度、社区规模适中的原则在每个片区内分别设定 3 个以上普通商品住宅小区或楼盘项目作为调查样点。高端的别墅类社区或楼盘项目以及高端公寓不纳入调查点范围，而作为独立的项目进行单独调查。通过网络爬虫技术定期抓取郑州市主城区房地产交易信息大数据，然后把获取的原始大数据与设定的调查样点进行字段关联和匹配，进而通过筛选、去除信息不完整和价格异常的交易信息，获取 2022 年 8 月所有调查样点的有效交易信息为 4128 套。

8.2.2 郑州市房地产市场状况分析

8.2.2.1 整体价格走势及各辖区价格走势

2022 年 8 月，郑州市主城区调查范围内市场活跃度持续下降，商品住宅类房地产总成交量与 7 月基本持平，郑东新区高价位商品房交易形势明显下滑，其他区域商品住宅成交量小幅下降。采用算术平均法计算成交均价和环比变化率显示，2022 年 8 月商品住宅销售均价为 15052 元 / 平方米，与 7 月相比交易价格持续下滑，环比下降 1.69%，从成交数据来看，市场回暖预期不足（见图 8–1）。

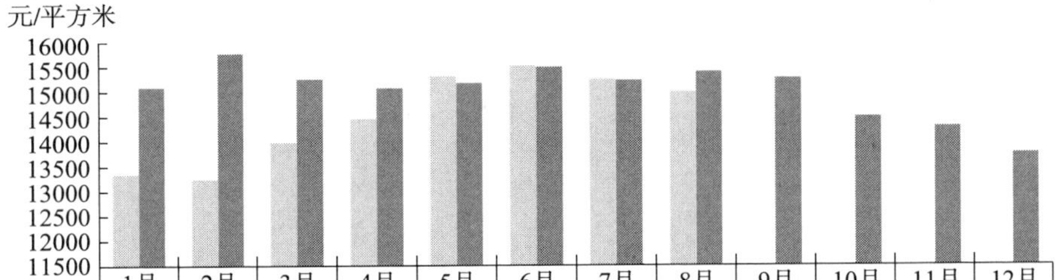

	1月	2月	3月	4月	5月	6月	7月	8月	9月	10月	11月	12月
2022年	13385	13277	14030	14509	15378	15586	15310	15052				
2021年	15152	15841	15315	15130	15232	15559	15282	15459	15329	14537	14336	13789

图 8-1　2022 年 1-8 月郑州市主城区商品住宅价格走势

2022 年 8 月，9 个调查区域中价格下降的区域有 8 个，上涨区域 1 个。其中，郑东新区下降幅度为 3.01%、金水区降幅为 1.86%、经开区降幅为 1.70%、惠济区降幅为 0.11%、高新区降幅为 2.30%、二七区降幅为 3.36%、中原区降幅 0.20%、航空港区降幅为 2.91%。本月环比上涨区域 1 个，为管城区，上涨幅度为 0.26%。下降区域中，郑东新区较上月下降最多，这次直接下降了 1000 元 / 平方米。上涨区域中，只有管城区略微上涨，本年度总体一直在平稳上涨，但幅度不大，本月仍维持在 1.3 万元 / 平方米左右（见图 8-2）。

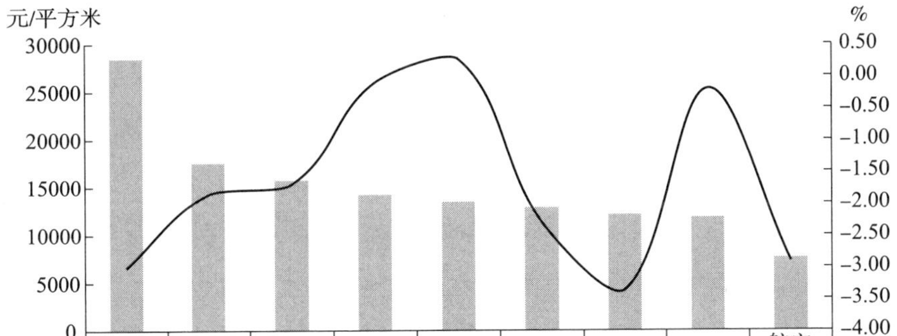

	郑东新区	金水区	经开区	惠济区	管城区	高新区	二七区	中原区	航空港区
均价	28462	17536	15750	14229	13455	12866	12129	11846	7607
涨跌幅	-3.01	-1.86	-1.70	-0.11	0.26	-2.30	-3.36	-0.20	-2.91

图 8-2　2022 年 8 月郑州市各辖区商品住宅价格走势

8.2.2.2 郑州市商品住宅细分市场价格分析

（1）不同建筑高度商品住宅价格走势。2022 年 8 月，调查区内多层住宅价格最高的是郑东新区，交易均价为 32928 元 / 平方米；其次为经开区和金水区，交易均价分别为 22372 元 / 平方米和 20721 元 / 平方米；交易均价最低的郑州航空港经济综合实验区为 10095 元 / 平方米。小高层住宅价格最高的是郑东新区，交易均价为 33171 元 / 平方米；其次为中原区和经开区，交易均价分别为 18982 元 / 平方米和 17736 元 / 平方米；交易均价最低的郑州航空港经济综合实验区为 7353 元 / 平方米。超高层住宅交易均价最高的郑东新区为 38812 元 / 平方米，与 1—8 月成交均价相差较大，可能是该月成交案例的特殊性造成的（见表 8–2）。

表 8–2　不同建筑高度商品房价格走势　　单位：元 / 平方米

行政区	时间	多层	小高层	中高层	高层	超高层
二七区	8 月份	16481	11864	10018	10986	13716
	1—8 月平均	15183	12364	10322	10484	12531
高新区	8 月份	13942	15929	12259	12732	11915
	1—8 月平均	15171	12881	11980	12709	12739
管城区	8 月份	17433	17197	14991	12265	13971
	1—8 月平均	17282	16555	14736	12269	13993
航空港区	8 月份	10095	7353	7337	6731	—
	1—8 月平均	9844	8138	7156	7093	—
惠济区	8 月份	18194	13158	11069	14195	12208
	1—8 月平均	16934	13477	11297	14351	13317
金水区	8 月份	20721	15348	17184	15660	17230
	1—8 月平均	21063	19537	16344	16822	17858
经开区	8 月份	22372	17736	9502	14748	10629
	1—8 月平均	18532	19405	12659	15287	13619
郑东新区	8 月份	32928	33171	24960	16432	38812
	1—8 月平均	34787	31732	24400	22313	12100
中原区	8 月份		18982	7583	11749	11060
	1—8 月平均	13770	18041	11656	12269	11907

（2）不同户型商品住宅价格走势。2022 年 8 月，调查区内交易价格最高的为复式住宅，其次为四室和三室住宅，一室住宅交易价格最低。复式住宅价格最高的是郑东新区，交易均价为 27680 元 / 平方米；其次为管城区和经开区，交易均价分别为 26519 元 / 平方米和 21684 元 / 平方米；交易均价最低的郑州航空港经济综合实验区为 9054 元 / 平方米。一室住宅价格最高的是惠济区，交易均价为 10675 元 / 平方米；其次为金水区和管城区，交易均价分别为 10600 元 / 平方米和 10083 元 / 平方米；交易均价最低的郑东新区为 4800 元 / 平方米（见表 8–3）。

表 8–3　不同户型商品房价格走势　　单位：元 / 平方米

行政区	时间	一室	二室	三室	四室	五室	复式
二七区	8 月份	5482	10468	11504	12514	15915	13382
	1—8 月平均	8305	11593	11995	12481	15280	15935
高新区	8 月份	6981	12181	12654	14386	—	18092
	1—8 月平均	9648	12311	12553	14419	11579	17428
管城区	8 月份	10083	10562	13448	14942	—	26519
	1—8 月平均	11558	11956	13312	14856	21989	19601
航空港区	8 月份	8323	5320	7606	7084	—	9054
	1—8 月平均	6618	6172	7666	7939	5897	10398
惠济区	8 月份	10675	12736	13975	16069	—	13342
	1—8 月平均	12686	12583	13610	15462	16555	19208
金水区	8 月份	10600	13656	16133	19520	18907	21058
	1—8 月平均	11980	12680	16990	19307	21255	24147
经开区	8 月份	9464	8964	12963	15265	9067	21684
	1—8 月平均	13335	12333	15045	16162	15378	19352
郑东新区	8 月份	4800	20657	19108	29080	20547	27680
	1—8 月平均	26795	26512	21154	30089	23880	34394
中原区	8 月份	7128	10969	12172	13551	13438	
	1—8 月平均	11161	11489	12277	13046	15383	17219

（3）不同面积商品住宅价格走势。2022 年 8 月，调查区内交易价格最高的为 200 平方米及以上住宅，其次为 144~200 平方米和 110~144 平方米住宅，50 平方米及以下的住宅交易价格最低。200 平方米及以上的住宅价格最高的是郑东新区，交易均价为 29085 元 / 平方米；其次为金水区和管城区，交易均价分别为 26827 元 / 平方米和 20850 元 / 平方米；交易均价最低的二七区为 6546 元 / 平方米。50 平方米及以下住宅交易价格最高的是金水区，交易均价为 13683 元 / 平方米；其次为惠济区和二七区，交易均价分别为 11000 元 / 平方米和 6890 元 / 平方米；交易均价最低的郑东新区为 4800 元 / 平方米（见表 8-4）。

表 8-4　不同面积商品房价格走势　　单位：元 / 平方米

行政区	时间	≤ $50m^2$	50~$90m^2$	90~$110m^2$	110~$144m^2$	144~$200m^2$	≥ $200m^2$
二七区	8 月份	6890	9416	11860	11881	12587	6546
	1—8 月平均	7608	10185	12180	12165	13130	16781
高新区	8 月份		12189	12693	12871	16316	18753
	1—8 月平均	15992	12008	13080	12789	15783	16832
管城区	8 月份		11367	12245	13944	19727	20850
	1—8 月平均	12230	13052	12920	13507	17069	19040
航空港区	8 月份		6154	7476	8255	5535	9174
	1—8 月平均	5915	7124	7539	8012	6769	10888
惠济区	8 月份	11000	12845	13204	15514	17611	17805
	1—8 月平均	11164	12829	12776	14898	18533	30619
金水区	8 月份	13683	12888	17326	16290	18771	26827
	1—8 月平均	15100	12862	16825	17303	20918	27571
经开区	8 月份		11229	10461	14800	15223	11430
	1—8 月平均	11135	12613	14716	15496	16452	14239
郑东新区	8 月份	4800	12667	18587	18535	28922	29085
	1—8 月平均	4800	13842	16919	20371	30437	32394
中原区	8 月份	6550	11054	11185	12918	10482	13438
	1—8 月平均	9036	11738	12206	12576	15651	15615

8.3　估价大数据的分类整合

房地产估价数据是与估价相关的全部数据信息，包括估价对象所处的区位属性、实物状况、权益属性和价格属性等，委托人相关信息、收费信息及与估价业务相关的价值时点、估价程序、测算过程、交易实例、估价人员信息等。随着房地产估价行业的快速发展，各估价机构均积累了越来越多的估价数据，尽管如此，却依然存在海量数据与具体业务操作过程中严重缺乏数据支撑或比较实例的矛盾，主要在于估价机构没能对自身长期积累的数据进行深度梳理、挖掘和再利用，且各估价机构间没有建立数据交流和共享的长效机制，为强化估价中介机构对估价信息的管理、挖掘和再利用，有必要讨论对估价数据进行整合和共享利用的问题。

8.3.1　估价大数据分类整合的必要性

8.3.1.1　有利于推进估价行业的信息化

尽管近几年来房地产估价行业获得了快速发展，但估价作业还多处于手工操作阶段，是通过利用计算器或结合 Microsoft office 软件的 Excel 表格计算参数和价格，然后修改估价报告模板中的部分内容，经审核后，出具正式估价结果报告和技术报告。虽然也有不少估价机构开发了自己的房地产估价信息系统或 OA 办公系统，但缺乏灵活性和移植性且无法推广。随着估价业务的逐年积累，海量的估价数据信息分散于各估价机构的估价报告、电子或纸质资料中，如果不对这些数据资料进行分类整理，则很难在估价业务中进行再利用。对估价机构间估价信息的整合和估价信息数据库的建设，有利于推进房地产估价行业信息化水平的提高，快速地检索和查询估价基础数据和交易实例信息，有利于节省估价作业时间，也有利于提高估价作业效率。

8.3.1.2 有利于估价数据的挖掘和再利用

数据挖掘是从海量、随机和散乱的数据中提取隐含在其中的具有潜在应用价值的信息和知识的过程。当前很多估价机构在完成了估价项目后，大多是将估价业务的成果资料进行归档后就锁进档案柜，数年后被当作废品处理。事实上，这些估价机构多年积累、散乱的估价项目信息经过处理和挖掘还具有较大的再次利用的经济价值和学术研究价值。不同估价机构之间的数据交流和整合可以为估价业务提供基础信息资料和交易实例信息；对交易实例信息的收集和整理可以构建楼盘字典信息库，助推网上在线评估和咨询业务的推广；对数据进行分类处理也可为开展房地产相关论题的学术研究提供各种数据资料。

8.3.1.3 有利于实现房地产估价信息共享

由于各估价机构诞生的背景不同，有的是脱钩改制而来，有的是新注册成立的公司，造成了各估价机构数据收集的难易和精准程度不同。有深厚积淀的估价机构能便捷地得到许多关键的数据信息，而新生机构在获取数据上就存在很大的困难，加上估价机构之间缺少沟通和数据共享机制，导致各机构都要独立采集一套数据，给公司带来较大的工作量且严重影响了估价作业效率。如果通过房地产估价师协会牵头组织各估价机构并联合房地产管理部门进行估价数据信息的整合，构建估价信息数据库和信息共享平台，则能推进各估价机构间实现数据共享，由此也可避免评估专业人员花大量的精力去采集、整理和编辑数据，进而提升估价作业效率和估价作业过程的专业性、客观性、准确性和规范性。

8.3.1.4 有利于规避房地产估价执业风险

估价执业风险是指与资产评估有关的单位或个人因估价师在执业过程中的执业行为而可能承担的相应的法律责任或后果。实际评估过程中往往会因为收集不到足够真实的交易实例、市场租金、建安成本等数据，评估专业人员就从网络或报纸上收集数据，这些数据的时效性和数据质量都难以保证，或是编造虚假案例运用到估价报告中，由此得到的估价结果因没有依据而缺乏客观性，估价结果也可能跟市场价值相差不大，但过程失真所隐藏的技术风险较大。通过对不同估价机构及房地产管理部门之间的数据信息的整合和共享，各估价机构都能从数据共享平台上以较小的成本，高效地获取各区域权威而真实的交易实例数据资料，有利于房地产估价机构规避在估价操作过程中因数据问题所产生的评估执业风险。

8.3.2 估价大数据信息的分类整合

估价过程中搜集和产生的各种数据在梳理和分类的基础上进行系统化整合和模块化集成，每个信息模块对应着各自的估价数据信息种类，大致可分为以下几类。

8.3.2.1 房地产估价基础信息

房地产估价基础资料是与房地产价格有普遍关联的资料或与估价对象所在地区的房地产价格有关联的资料，包括区域宏观经济走势、城市资源环境概况、房地产市场行情和地方房地产政策法规，这些数据资料主要用于区位状况描述、市场背景分析和市场价格走势的判断；房地产税收和银行利率主要用于估价过程的参数取值；建设工程主要材料预决算基准价格信息、装饰装修价格信息等主要用于成本法估价、市场比较法中的实物状况调整等。

8.3.2.2 房地产交易实例信息

交易实例不仅作为市场比较法中的比较实例，还能从大量交易实例中分析房地产价格变化趋势、楼层差价系数及建成年份对房地产价格的影响等。交易实例具体包括楼盘买卖或租赁、土地出让转让、办公写字楼买卖租赁、酒店和商铺的经营资料等类型，比如商品住宅交易实例信息要包括房地产的成交日期、成交价格、交易情况、区位状况（位置、交通状况、基础设施、公共服务设施以及自然和人文环境等）、实物状况（建筑外观、建筑结构、空间布局、设施设备、装饰装修）和权益状况等方面。

8.3.2.3 房地产估价项目信息

估价项目信息包括估价项目的委托人信息（委托人单位名称或个人姓名、联系电话、地址和邮政编码）、估价对象的区位状况、物业实物状况、权属状况、评估价格、估价人员、估价成果和其他与项目相关的数据信息等。

8.3.2.4 房地产估价业务档案

房地产估价机构在每项估价业务交付后要及时、真实、完整地进行归档备案，包括电子档案和书面档案，电子档案包括房地产估价结果报告、技术报告和实地查勘照片；书面档案包括项目委托书、估价报告、实地查勘记录表、权属证明复印件以及业务收费票据等。

8.4 估价信息数据库的功能和结构

8.4.1 估价信息数据库的功能

房地产估价信息数据库是以区域社会经济要素和房地产相关信息为研究对象，以房地产估价为主要目标的综合性区域房地产估价数据信息系统。房地产估价信息数据库构建的目的是为估价师提供决策帮助，通过各种估价方法和模型与数据库相结合辅助估价师完成估价业务，最大限度地降低估价师的主观臆断，保证估价过程和估价结果的客观公正，降低估价执业风险。通过建立具有数据库采集、编辑、管理等功能的软件系统实现房地产估价信息、社会经济及房地产市场相关信息的采集与输入、查询与检索、更新与管理等功能。

8.4.1.1 数据的采集与输入

数据采集首先要制定统一的数据采集标准和数据输入格式，进而对与区域房地产估价相关的空间信息和社会经济属性数据进行采集，空间信息数据包括城市土地级别和基准地价数据、城市规划、基础设施（道路、公交站点、地铁站点以及停车场等）以及公共服务设施（商业、金融、教育、医疗、休闲、娱乐等）的分布等，可采用统一的 GIS 数据采集系统进行获取；社会经济数据的采集可会同统计和房地产管理部门，数据的输入主要采用键盘输入，数据格式可统一设定为 *.xls、*.sav，或其他数据格式。

8.4.1.2 数据的查询与检索

建立数据库的目的是便于估价师进行估价数据的检索、查询和引用，以及监管部门对各估价机构和估价师业绩进行监管和考评，所以数据库要具有强大的查询功能。查询采用关键词搜索方式，将需要的数据以关键词（物业坐落的街道、物业类型、交易时间等）参与检索，并可通过逻辑运算进行多条件检索。也可通过设定的关键词（估价机构名称、估价师姓名、业务日期等）进行检索。考虑到估价机构的商业机密，对不同的检索内容要设定不同的检索权限。

8.4.1.3 数据的更新与管理

数据的时效性对于数据库具有重要的意义，不管采用多么先进的技术手段，如果数据得不到及时的更新，系统也将随着数据的陈旧而搁置使用，因此要将估价信息数据库建成实时动态的数据更新体系，使房地产估价数据信息真正具有时间维持性。由于数据类型烦琐且分散，数据采集和更新的难度较大，所以要保证数据采集有组织、有计划和有步骤地进行，强化数据更新管理，保证数据的准确性和权威性。

8.4.2 估价信息数据库的系统构成

本书根据前述对房地产估价数据信息的分类特征结合房地产估价信息

数据库的功能，提出房地产估价信息数据库可由基础信息数据库、交易实例数据库、估价项目数据库和信用档案数据库四个信息集成模块构成（见图 8–3）。

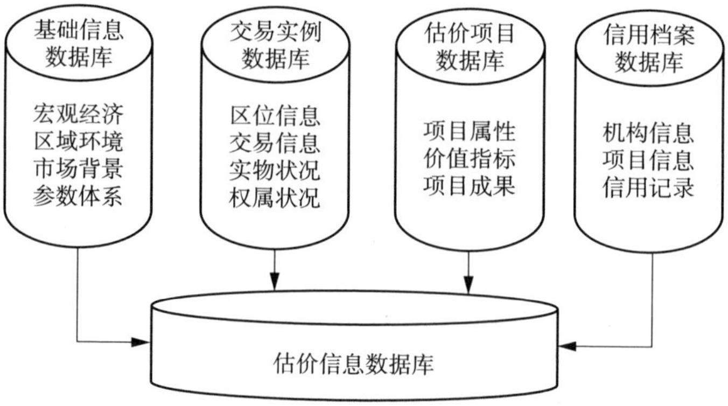

图 8–3　估价信息数据库的构成

8.4.2.1　基础信息数据库

基础信息数据库主要存储区域的宏观经济信息、区域环境状况、市场背景信息和估价参数体系等。宏观经济信息指区域经济发展、固定资产投资、城镇居民储蓄存款、在岗职工平均工资和城镇居民收入等；区域环境状况具体为自然人文环境、基础设施、公共服务、交通条件和商服繁华度等；市场背景信息具体为房地产投资状况、房地产交易状况和区域房地产政策等；估价参数体系主要记载区域的房价指数、地价指数、土地还原率、建筑物还原率和基准地价修正体系等。

8.4.2.2　交易实例数据库

交易实例数据库主要用来存储各地区已成交房地产的交易时间、交易价格、交易情况、交易房地产所处的区位、实物和权属状况等空间和属性信息。其中，属性信息主要为房地产交易信息、权属登记状况和房地产相关经济指数等；空间信息可通过 GIS 技术建立被研究区域的拓扑结构而形成，包括建筑物坐落、交通网、商业网点、水域、城区边界及景观等。属性和空间数据的连接，可实现房地产交易实例的空间可视化。

8.4.2.3 估价项目数据库

估价项目数据库主要用来存储估价项目的特征属性信息、价值指标信息和估价成果等。项目特征属性信息包括物业位置、土地用途、占地面积、使用年期、建筑结构、建筑面积、装饰装修等实物状况和土地权属、土地使用权人、他项权利、土地使用管制、房屋所有权和房屋使用状况等权属信息；项目价值指标信息包括成本费用、折旧情况、收益状况和估价结果等；项目估价成果包括估价结果报告、估价技术报告及估价委托书、实地查勘记录表、内外部照片、房屋权属证明复印件以及其他材料等。

8.4.2.4 信用档案数据库

信用档案数据库可通过关联中国房地产估价师与经纪人学会已启用的房地产估价信用档案系统来实现。信用档案数据库旨在帮助估价师协会加强对房地产估价执业质量的监管，规范房地产估价机构和注册房地产估价师的执业行为，进而促进房地产估价行业的健康发展。该数据库主要存储估价项目的基本信息（项目名称、报告编号、估价目的、估价作业期、估价方法、估价对象、价值时点、估价对象位置、评估总价、委托人姓名及通信联系地址等）及估价机构信息，并可进行估价项目的查询、统计，以及查看估价机构和估价师的信用记录等。

8.5 估价信息数据库的建设和共享

8.5.1 数据库的建设与运作

数据库系统可通过浏览器 / 服务器的方式来运作，数据库的建设可由房地产估价师协会牵头组织各房地产估价机构、房地产管理部门或与第三方软件开发商共同参与。房地产估价师协会主要为数据库的建立和维护制定运行规则、数据标准和提供制度保障，其他参与者主要提供技术支持、数据来源和建设资金，在此过程中要注意协调各估价机构之间在业务竞争和利益分配过程中可能产生的矛盾和信任问题；数据库的运作可由房地产估价师协会协同估价机构共同筹资，或由第三方软件服务商采用相应的模式运作。

8.5.2 数据库的录入与维护

数据库信息主要来自房地产估价机构、协会、房地产管理部门或统计部门等，各部门可通过相应的数据录入界面根据各自的权限上传数据，房地产估价机构可以对基础信息、交易实例、估价项目和信用档案等数据进行录入；房地产估价师协会可以录入估价机构和估价师的资质和执业信息，对信用档案信息进行审查和监管，对估价报告进行技术审查和质量测评，对估价机构和估价师业绩、信用进行记录；房地产管理部门可以录入房地产交易实例、租赁信息和房屋产权产籍信息等；数据库管理人员定期将输入的原始数据进行汇总、加工、入库并定期对数据库进行维护。

8.5.3 数据库的共享与应用

数据共享可推进机构间互通有无、各取所需，实现共赢。数据共享可采用有偿使用和免费使用两种方式，这里要对数据的不同使用者设定不同的权限，估价机构可输入、编辑、查询和更新属于本机构的全部数据，可查询和使用属于其他机构所有的基础信息和交易实例数据，但需支付一定的数据使用费；数据库管理方可对全部数据进行汇总、加工、入库和更新，还可对数据进行挖掘，衍生价值更高的房地产信息；估价师协会可查询和管理信用档案；其他部门和社会公众可查询公告信息，对设定使用权限的信息要与相关负责部门联系并支付一定的数据使用费；各单位和个人按自己的使用权限使用数据，避免不同估价机构间及与其他部门或个人产生不必要的纠纷。

9 地理信息技术在估价中的应用

9.1 GIS 概述及基本功能

9.1.1 GIS 概述

地理信息系统（Geographic Information System 或 Geo-Information System，GIS），是在计算机硬、软件系统支持下，对整个或部分地球表层（包括大气层）空间中有关地理分布数据进行采集、储存、管理、运算、分析、显示和描述的技术系统。借助计算机系统，GIS 能够将各种地理要素的空间分布和属性数据按照一定的格式进行存储，建立地理信息数据库，对空间数据按地理坐标或空间位置进行各种处理，探究各种空间实体及其相互关系，并以地图、图形或数据的形式进行可视化表达和输出。目前，GIS 技术已广泛应用于资源开发管理、土地利用规划管理、环境监测和城市规划等众多领域。

地理信息系统的组成主要包括计算机硬件系统、计算机软件系统、地理空间数据和系统管理操作人员，其核心是计算机硬软件系统。GIS 硬件系统配置一般包括计算机主机、数据输入设备、数据存储设备和数据输出设备四个部分。计算机软件系统通常包括计算机系统软件、地理信息系统软件和其他支撑软件、应用分析程序。地理空间数据包括某个已知坐标系中的位置、实体间的空间相关性、与几何位置无关的属性三个相互联系的数据类型。系统管理操作人员是进行系统组织、管理、维护和数据更新、系统扩充完善、应用程序开发并灵活采用地理分析模型提取多种信息的主体。

9.1.2 GIS的基本功能

9.1.2.1 数据采集功能

GIS同其他数据管理系统一样具有对数据进行采集、存储、处理和输出的基本功能。GIS数据采集就是通过各种数据采集设备，包括数字化仪、扫描仪、全站仪等来获取现实世界的地理数据，并输入地理信息系统，建立地理信息数据库的过程。数据采集的方式包括手工输入方式、手扶跟踪数字化方式、扫描方式、影像处理和信息提取方式等，尤其是屏幕跟踪矢量化是常用空间数据采集途径。数据存储功能是将输入的数据以系统内部格式记录在计算机内部或磁盘、光盘等其他存储介质上。

9.1.2.2 数据编辑功能

GIS的数据编辑功能是在原始数据的基础上，根据要完成的任务或目标，按照不同的方式进行编辑运算，消除冗余，改正错误，补充缺失，形成符合使用要求的数据文件，包括数据要素的修改、复制、删除、坐标变换、投影变化、格式转换、图形拼接、误差修正、要素绘制、要素提取、要素叠加、拓扑处理、拓扑构建、属性表创建与更新等系列数据处理工作。

9.1.2.3 数据管理功能

数据管理包括空间数据管理和属性数据管理。空间数据管理主要包括数据的图层管理、图形要素管理和地图操作管理，诸如，对图层的显示/隐藏、导入导出、复制、删除；对图形要素的复制、粘贴、移动、删除、转换、旋转等；地图操作包括地图放大、缩小、漫游、索引等。属性数据管理包括字段选择、删除、更新等。

9.1.2.4 空间查询功能

空间查询是从空间数据库中按照一定的方式找到所有能满足属性约束条件和空间约束条件的地理对象的过程。GIS 的空间查询功能可按图形、属性和综合条件查询点与点之间的关系、面与面之间的关系、线与线之间的关系、线与面的关系、点与线的关系和点与面的关系等，执行查询功能后系统会以不同的颜色、亮度显示符合查询约束条件的要素。

9.1.2.5 空间分析功能

空间分析是从空间数据中获取有关地理对象的空间位置、分布、形态、关联性等信息的分析技术，包括叠置分析、缓冲区分析、距离分析、网络分析、表面分析、空间自相关分析和数字地形分析等，其中数字地形分析又包括等高线分析、透视分析、坡度坡向分析、剖面分析和填挖方分析等内容。

9.1.2.6 可视化和制图

空间数据可视化是将非直观、抽象的数据借助计算机图形学的技术以图像的形式直观、形象地表达出来的过程，地图是空间数据可视化最主要的形式和产品。其中，专题地图是按照地图主题的要求，突出表达与主题相关的一种或几种要素，使地图内容表达一个主题。GIS 具有强大的专题地图制作功能，也是其应用最广泛的功能，具体包括地图符号、配置与符号化、地图注记、地图整饰、图例和布局等。

由于地理信息系统技术具有强大的数据库管理、图形处理和多种空间数据和属性数据的分析处理能力，而房地产估价中又涉及大量空间数据信息的处理和分析，诸如，估价对象区位分析、价值影响因素分析中的交通条件、基础设施条件、公共服务设施、临街状况和环境景观等因素都与区位有着密切关系，这为地理信息系统和房地产估价的结合提供了最基本的结合点。地理信息系统的数据采集、管理、查询、空间分析和可视化等功能可在房地产估价的多个工作环节中发挥出应有的作用。

9.2 GIS 在房地产估价中的应用

9.2.1 GIS 辅助估价的应用体系

房地产估价所涉及的数据，不仅包含属性数据，还包含很多和地理位置有关的空间信息数据，诸如，估价对象的地理位置、与市中心及重要场所的距离、基础设施和公共服务设施（学校、医院、超市、银行等）的配置等。开展房地产估价，不但要求评估专业人员具有丰富的工作经验，还需要评估专业人员善于处理非空间和空间数据，与此同时，对估价系统也要求不但要具备非空间数据的管理能力，还要具备空间数据的管理和分析能力，地理信息系统在估价中的渗透与应用成为一种必然趋势。

国际上相对成熟的在线评估平台为 Zillow，是一家相对专业的提供免费不动产估价服务的网站，登录之后可以直接在网页上缩放地图寻找标的并显示房屋的价格或价格的范围。国内不少学者和估价机构也在探索 GIS 技术在房地产估价领域的应用，刘兴权探讨了 WebGIS 应用于房地产估价的前景；李恒凯采用 GIS 构建了比较法估价模型并设计了估价决策支持系统。以上研究多是限于 GIS 技术在房地产估价工作中某一工作环节的应用和实践，而事实上，GIS 技术可以贯穿房地产估价活动的全过程，田浩曾指出 GIS 可以参与到房地产估价的包括数据获取、估价方法和估价过程的各方面。在 GIS 基本功能的基础上，本书构建 GIS 技术在房地产估价全过程中的应用体系和应用思路，为深化 GIS 技术在房地产估价领域的应用提供理论参考和实践指导。

估价资料的收集和估价对象价值测算是房地产估价的两个重要环节，估价资料收集包括估价相关资料收集、房地产市场调查、估价对象实地查勘和资料收集分析；估价对象价值测算包括估价对象区位分析、比较实例选择、价格影响因素分析和测算过程等。基于此，接下来本书分别从房地产市场调查、估价资料收集、房价指数动态监测、房地产估价过程、估价档案管理和价格形成机理等方面来探讨 GIS 技术如何在这些工作环节中得以应用。GIS 在估价中的应用体系见表 9–1。

表 9–1 GIS 在估价中的应用体系

估价工作环节	GIS 功能与方法	在估价中的应用
房地产市场调查	空间数据编辑 地图操作 数据库构建	市场区片划分
	空间数据采集 空间数据编辑 地图操作 数据库构建	房地产市场资料数据库
估价资料收集	空间数据采集 空间数据编辑 数据库构建 数据库管理	估价基础资料数据库构建与管理（基准地价、城市道路、公交站点、公共服务设施、公园绿地、交易实例等）
房价指数动态监测	空间数据编辑 地图操作 数据库构建 专题图制作	房价监测区片划分
	样点数据采集 地图操作 数据库构建 属性数据编辑	房价监测样点设定
	空间插值分析 等值线分析 三维分析 坡度分析 专题图制作	房价和房价指数等值线 房价和房价指数三维视图 房价和房价指数专题图
房地产估价过程	数据库管理 空间查询 叠加分析 专题地图制作	估价对象区位分析 估价对象区域位置图

续表

估价工作环节	GIS 功能与方法	在估价中的应用
房地产估价过程	空间查询功能 缓冲区分析 多要素叠加分析	同一供需圈划定 比较实例选择
	缓冲区分析 叠加分析 最短路径分析 通达性分析 服务范围分析	价格影响因素分析
	ArcObjects/MapX Delphi/C++/VB Geodatabase	房地产估价系统 自动报告系统
估价档案管理	数据编辑 地图操作 数据库构建 数据库管理	估价业务档案库 估价业务管理
	空间查询 空间分析 空间统计	估价业务查询 估价业务统计
价格形成机理	ESDA 分析	房价空间关联性分析
	GWR 模型	价格因素空间异质性分析
	特征价格模型	因素影响程度

9.2.2 GIS 辅助估价的主要功能

9.2.2.1 房地产市场调查

开展房地产市场调查首先要进行城市房价市场区片划分，根据不同地区的建成状况、经济发展水平、区域房地产市场状况，在获取城市行政区划基础地理数据的基础上采用 GIS 的要素编辑功能以城市主干道或自然分界线把城市划分为若干市场区片。在各区片内，分住宅、商业、办公等类型分别调查和收集新建楼盘的项目信息和价格信息，存量商品房交易实例的位置、价格和实物状况，通过 GIS 技术的空间数据采集、处理、管理和地图操作功能建立城市房地产市场调查资料数据库。

9.2.2.2 估价资料收集与管理

房地产估价中涉及的资料主要有估价委托人资料、估价对象的资料（区位状况、实物状况、权属状况等）、估价业务委托资料（委托合同或委托书、各类报表等）、不动产市场调查资料（土地和房地产市场状况、细分市场状况）、估价对象实地查勘资料（实地查勘记录、实地查勘的照片、语音或视频等）、价格影响因素资料（区域繁华程度、交通条件、产业集聚状况、公共服务设施、自然和人文景观等）、规划资料（城市总体规划、城市土地利用总体规划、控制性详细规则等）、公示地价资料（城镇基准地价、标定地价等）。房地产估价资料种类多、数量大，来源渠道不一，格式多样，难以管理，但是大多数资料和数据都有一个共同的特征就是空间特性，如果基于它们共同的空间特征，借助 GIS 平台实现城市经济、规划、建设、不动产交易实例等点、线、面数据和属性数据的统一管理（交易实例、道路交通、公交站点、公共服务设施、环境景观、行政区划、城市规划、城市基准地价等），建立空间数据和属性数据的有效关联，在同一个系统平台上实现数据的管理、查询、分析、处理和输出，则可以有效地实现估价基础数据的统一管理，以及估价基础资料数据的系统性、结构性和完整性。

9.2.2.3 区域房价动态监测

（1）监测区片划分。房价动态监测区片划分可参考城市地价动态监测的技术标准和流程，按照区片内房价水平、房屋建成年代、物业档次、公共服务设施和环境景观相同或相近，属同一供需圈的范围、保持居住区的完整性和区片面积均等原则，以居住区道路、自然分界线等线状地物通过 GIS 编辑功能在工作底图上画出各区片的边界，通过编码和标注等得到房价监测区片图。

（2）样点设定和管理。监测样点的采集包括样点的选择、样点数字化和样点属性信息的采集等环节。按照代表性、稳定性和确定性的原则在区片内选定特定的住宅小区为该区片的监测样点，通过 GIS 的图层新建、要素编辑功能把这些监测样点标在图层上，属性信息为监测样点交易实例的交易信息，包括交易时间、交易方式、交易状况、交易对象的实物状况（土地实物状况和建筑物实物状况）及交易价格等。

（3）监测结果可视化。在监测样点交易数据的基础上设定标准房，采用比较法修正得到区片标准房的比较价值，结合 GIS 空间分析和可视化对房价进行分析和专题图制作。采用空间插值和等值线提取功能，可以由点到面得到监测区片房价分布状况，用不同的颜色序列或等值线表达出来，通过 3D 分析还可以得到房价起伏变化的三维透视图，用坡度分析可以测算区片间房价的差异程度，采用分类区统计得到区片平均房价等。最后可对分析结果进行专题图制作，包括监测区片的监测样点分布图、样点平均价格图、同比价格指数图、环比价格指数图等。

9.2.2.4 房地产估价过程

（1）估价对象区位分析。估价对象区位状况描述与分析是在估价基础资料数据库的基础上，采用 GIS 的点、线、面缓冲区分析和空间查询，直观地实现估价对象周边一定距离范围内的交通状况（道路等级、道路名称、公共交通线路、公交站点、交通规划）、公共服务设施（学校、医院、超市、银行、通信服务）、周边社区分布状况等区域背景的显示，比如，以估价对象为节点，设定 1.5 千米为半径，通过点缓冲区分析可以在图上显示出估价对象在该范围内的交通、公共服务设施和景观环境状况，在这里需要指出的是，基础资料数据库的完备程度是估价对象区位分析的基础条件。通过空间叠加和提取等空间分析手段可以制作各种专题地图，诸如，价格因素分析专题图、房地产价格分布图等，并以二维或三维的可视化形式进行表达和输出。

（2）比较实例的选择。比较实例的选择对估价对象价格具有决定性的影响，而在估价业务处理过程中往往都是根据房地产估价师的经验来定性判断同一供需圈的范围来选择比较实例，这在业务实践中虽然是可行的，但缺乏充分的依据，而如果借助 GIS 技术的空间查询功能和缓冲区分析功能，以估价对象为圆心，以经验距离为半径进行点缓冲区分析，则可以对估价对象的同一供需圈进行划定，可以检索出估价对象在设定的距离范围内的所有楼盘，再根据物业的交易、权属、实物状况等属性条件的相近或相似性，筛选出设定空间距离内符合条件的比较实例。

（3）影响因素分析。GIS 的数据库构建功能可以把影响房地产价格的因素作为一个图层，构建某城市的房地产价格影响因素数据库，包括城市公共交通、商业、教育、医疗、银行、公园绿地等公共服务设施的基础数据库；对估价对象的点缓冲区分析，可以检索出估价对象特定距离内的公共服务设施；路径分析可以获得估价对象到道路、公园绿地的最短距离；服务范围分析可以测算估价对象是否在该公共服务或景观设施辐射影响的范围内，以判断估价对象公共服务设施的便捷性和环境景观状况等。

（4）房地产估价信息系统开发。采用 GIS 软件开发平台，以 Delphi/C++/VB 为开发语言，以 Geodatabase 为数据库管理工具，实现数据管理、地图操作、基础信息管理、项目管理、交易实例管理、估价模型管理等系统功能模块的集成，实现以 GIS 为基础平台的集业务登记、估价方案制定、资料收集、实地查勘、价值测算、自动撰写估价报告、报告审查、出具报告和资料归档管理等系列工作于一体的房地产自动估价系统。依托地理信息系统和数据库技术实现房地产估价复杂工作环节的结构化管理和自动化、标准化处理。

9.2.2.5 估价档案管理

（1）估价业务档案库构建。估价业务档案库的构建可分为业务的空间数据和属性数据两个方面，其中，空间数据主要是估价机构一定时期内承接的各类业务的估价对象的位置坐落，可通过数据库、数据集和要素类的构建，采用创建和编辑功能把各估价对象显化在图上，要指出的是，要注重估价业务空间数据与估价基础资料数据库的有效衔接，进而可以便捷地查询和显示各估价对象的周边环境状况。属性数据主要是指估价对象的基本事项，包括估价对象名称、产权所有人、价值时点、价值类型、估价目的、总价、单价、签字估价师、业务人员，以及实物状况和权益状况等属性信息。

（2）估价业务查询与统计。GIS 具有按图形关系查询、按属性信息查询和综合查询的功能，并将查询结果以图形或属性数据的方式表现出来。在创建估价机构房地产估价业务档案管理信息数据库的基础上，根据位置可以查询房地产估价机构在某区域的业务情况、不同类型业务的分布，某特定业务周边一定距离的业务情况。根据属性可以查询特定价格区间的业务情况、特定房地产类型的业务情况、特定价值时点的业务情况、某时期的业务情况、各业务人员的业务分布情况、各估价师处理的业务等。空间统计可以按区域范围进行统计或按属性字段进行统计，比如，按区域范围可以统计特定区域内估价机构承接和处理的业务种类、评估价格的高低等，按属性字段进行统计可以对特定属性进行统计分析，比如，可以对机构业务的评估单价或总价进行统计分析等。

9.2.2.6　房地产价格水平分析

（1）ESDA 分析。空间自相关是指某些变量在同一个分布区域内的观测数据之间存在的相互依赖性，地理事物由于受空间相互作用和空间扩散的影响，彼此之间往往不是独立的，而是相互关联的。区域房地产市场也是相互关联的，某区域的房价往往受到周围地区房地产价格的影响，而空间自相关分析恰巧可以刻画区域与邻近区域的相似性和分异性，以描述房地产市场在空间上的集聚与分散特征。探索性空间数据分析（ESDA）作为刻画空间自相关性的量化手段，包括 Global Moran’s I、Local Moran’s I、Getis–Ord G 等参数都可以通过 GIS 软件和空间统计软件实现。

（2）GWR 模型。传统的数理统计分析建立在观察样本相互独立的基本假设基础上，该假设背离了经济现象空间关联性和空间异质性的事实。而地理加权回归模型（GWR）是在特征价格模型的基础上，假设拟合系数为自变量的空间位置的函数而建立的空间变系数回归模型，GWR 模型综合考虑了空间位置和空间距离对观测样本的影响，揭示了社会经济现象的空间依赖性和空间非平稳性。对变量的坐标及其与样本点之间的距离等数据采集，以及地理加权回归过程的实现都可以通过 GIS 空间统计功能实现，同时 GIS 还可以对估计结果进行空间可视化表达，展示不同因素对区域房价的影响程度。

（3）特征价格模型。特征价格理论模型认为房地产价格是由房地产的各种不同特征的性质、数量或程度决定的。据此可以通过采集实际交易实例的特征属性，采用数学方法拟合价格和房地产特征属性之间的关系，识别影响房地产价格的主导因素和各因素对价格的影响程度。其中，区位因素是影响房地产价格的主要特征因素，要获得准确的区位因素数据则需要借助 GIS 的量化分析手段，包括空间查询、缓冲区分析、距离量算和网络分析等。

9.3 GIS 在地价分析中的应用

随着城镇化进程的加快、人口向城市的集聚和商品住宅价格的大幅度增长，城市住宅用地价格也成为当前城市土地市场比较敏感的话题。城市地价空间分布不仅反映了城市土地利用的空间差异和城市土地质量的优劣程度，而且能够使人们有效地掌握城市土地利用现状、提高土地利用效率、规范土地市场、为政府开展地价宏观调控提供决策支持，同时也可为合理集约利用土地、规范土地二级市场起到积极的引导作用。所以，城市住宅地价越来越受到城市规划、土地管理、土地估价和房地产开发等领域的高度重视。

目前学术界对城市住宅地价的关注主要集中在城市住宅地价空间分

布及时空分异研究和城市住宅地价影响因素研究两个方面。在城市住宅地价空间分布及时空分异研究方面，研究主要集中在东部沿海地区大城市、省会城市等住宅土地市场发育比较成熟的地区和城市。诸如，李玲等（2011）利用北京市2001—2009年住宅出让样点，对北京市住宅地价的时空变化规律进行了研究。GIS分析方法和地价统计方法也广泛地用于地价空间分布的研究中，包括建立数字地价模型、利用克里金插值、地价等值线图、三维地价模型等。包善驹等（2015）利用GIS分析技术绘制了合肥市2007年和2011年的住宅修正地价等值线图，并依据合肥市的圈层放射性空间结构形态选取了5条核心放射线的剖切线，分析了剖面线地价特征及形成原因。马金凤等（2015）借助ArcGIS生成地价空间变化图，分析了鄂州市2008年和2013年住宅用地基准地价的空间变化。曹天邦等（2012）以南京为例，利用城市地价动态监测数据，采用空间分析和统计分析方法对南京市住宅地价时空演变特征进行研究。张鸿辉（2009）采用ESDA对南京市主城区地价空间自相关性特征进行了分析，并建立了城市地价影响因子的经典线性回归模型和空间自回归模型。在住宅地价影响因素研究方面，学者分别从城市总体规划、基础设施、周边环境、区位因子、轨道交通等方面分析其对城市住宅地价的影响。在方法上，学者利用空间拓展模型和地理加权回归模型（GWR模型）开展房地产市场异质性及影响因素的研究越来越多，Yates和Farber研究发现较之全局回归模型，GWR模型更能解释研究区90%的住宅价格变化。国内学者吕萍（2010）、曾晖（2012）、汤庆园（2012）、董冠鹏等（2011）分别借助GWR模型和空间扩展模型对房地产市场价格分布规律及驱动因素进行了模拟分析。隋雪艳等（2015）以南京市江宁区为例，基于2004—2011年住宅出让数据利用空间扩展模型和GWR模型对都市新区住宅地价空间异质性及其驱动因素进行了研究。李琴等（2017）采用空间分析方法及特尔菲法确定了住宅用地影响因素体系，并运用GWR模型对体系11个影响因素进行了分析。本书在已有研究基础上，使用郑州市主城区住宅出让样点地价数据，采用GIS空间分析方法对郑州市主城区住宅地价的空间分布格局进行分析，探讨郑州市住宅地价的空间格局及其变化的影响因素和形成原因。

9.3.1 数据来源与研究方法

9.3.1.1 数据来源

本书采用的住宅用地出让样点主要从郑州市国土资源局国土资源网上交易系统和中国土地市场网站土地供应结果公告查询得到，部分样点来源于机构调查和存档数据，共获得 2010—2016 年住宅用地地价样点 535 个，其中，包括城镇住宅用地及城镇住宅兼容其他用途的样点。为了对样点地价进行空间分析，本书采用郑州市基础地理信息数据并由郑州市 2016 年交通旅游图和郑州市总体规划图叠加矢量化之后得到的电子地图数据，根据各出让样点的宗地位置，利用 ArcGIS 软件确定各样点在图上的位置，并以年为单位，建立 2010—2016 年 7 个年度的郑州市住宅用地地价样点地理信息数据。

9.3.1.2 数据处理

由于各出让样点在开发程度和容积率方面的差别，为了保证样点地价间的可比性，需要统一地价内涵，其中开发程度修正以“七通一平”为标准，低于“七通一平”的出让样点以实际开发费用进行开发程度修正，修正标准采用郑州市 2013 版基准地价开发程度修正标准（见表 9–2）；为了消除容积率对地价的影响，采用楼面地价表示各出让样点的地价水平。由于早些年地价样点较少而不宜于进行空间分析，在统一地价内涵和开发程度修正的基础上，本书通过期日修正把 2010 年、2011 年和 2012 年的出让地价样点修正到 2013 年地价水平并纳入 2013 年的地价样点中，把 2014 年、2015 年的出让样点修正到 2016 年地价水平并纳入 2016 年的地价样点中，进而对 2013 年和 2016 年郑州市住宅地价空间分布及变化特征进行可视化分析。本书采用地价指数把各年份样点地价进行期日修正到2013年和2016年的地价水平，地价指数来自中国城市地价动态监测网，暂认为年内各月份之间地价相对稳定，不考虑年内出让样点的交易时点不同对地价的影响。2010—2016年郑州市住宅地价指数见表9–3。

表9–2　郑州市2013版基准地价开发程度修正标准 单位：元/平方米

项目	道路	给水	排水	电力	通信	通气	通暖	土地平整
开发费用	35	15	15	25	20	30	30	10

表9–3　2010—2016年郑州市住宅地价指数

年份	2010	2011	2012	2013	2014	2015	2016
地价指数	240	248	253	271	293	322	364

注：地价指数以2000年为100。

9.3.1.3　研究方法

（1）距离反比权重插值法。距离反比权重插值法是一种常用的空间插值方法，以插值点和样本点间的距离为权重进行加权平均，离插值点越近的样本点赋予的权重越大。设平面上分布一系列离散点，已知其坐标和值为X_i、Y_i、Z_i，通过距离加权值求z点值，表达式为：

$$z=\left[\sum_{i=1}^{n}\frac{Z_i}{d_i^2}\right]\Big/\left[\sum_{i=1}^{n}\frac{1}{d_i^2}\right],d_i^2=\left(X-X_i\right)^2+\left(Y-Y_i\right)^2$$

该方法通过对邻近区域的每个采样点值平均运算获得内插单元，要求离散点均匀分布，并且密集程度足以满足在分析中反映局部表面变化。

（2）等值线提取法。对插值后的地价曲面提取等值线，通过等值线图分析地价空间分布格局。在ArcGIS空间分析模块下，利用表面分析工具设置提取参数即可提取等值线。

（3）剖面线提取。将ArcGIS提取的等值线文件导入MapGIS中，在DEM分析模块下生成修正地价高程GRID文件，利用三维分析功能沿城市发展轴线画线生成地价剖面图。

9.3.1.4 区域划分

随着郑州市城市化进程的加快，郑州市主城区人口规模和建成区规模大幅度扩张，为了更好地突出和比较郑州市住宅地价的空间分布特征，本书按照城市环线范围进行区域类型划分，按照郑州市三环路、四环路的线路走向把主城区分为三环内区域、三环外四环内区域、四环外区域三个环带状的区域范围。

9.3.2 郑州市住宅地价时空序列变化

郑州是河南省会，全省政治、经济、金融、科技、教育和文化中心，是中部地区重要的中心城市和全国重要的综合交通枢纽，是中原城市群首位城市。2016 年末总人口 972.4 万人，城镇人口 690.6 万人。2016 年，全年完成生产总值 7994.2 亿元，比上年增长 8.4%；人均地区生产总值 82872 元，比上年增长 6.4%。2016 年，全年完成固定资产投资 6998.6 亿元，比上年增长 11.3%，其中房地产开发投资完成 2778.9 亿元，比上年增长 38.9%；全市完成地方财政总收入 1619.5 亿元，比上年增长 13.7%；地方财政一般公共预算收入 1011.2 亿元，增长 14.3%。2017 年郑州进入国家中心城市建设行列，在“一带一路”建设和“三区一群”多重国家战略叠加下，郑州对中部地区的辐射带动作用和人口集聚作用将进一步增强。自 2016 年下半年以来，郑州市房地产价格迅猛增长，城市地价水平和地价空间分布发生了剧烈的变动，下面采用住宅出让样点地价数据对郑州市住宅地价时空变化进行分析（见图 9–1）。

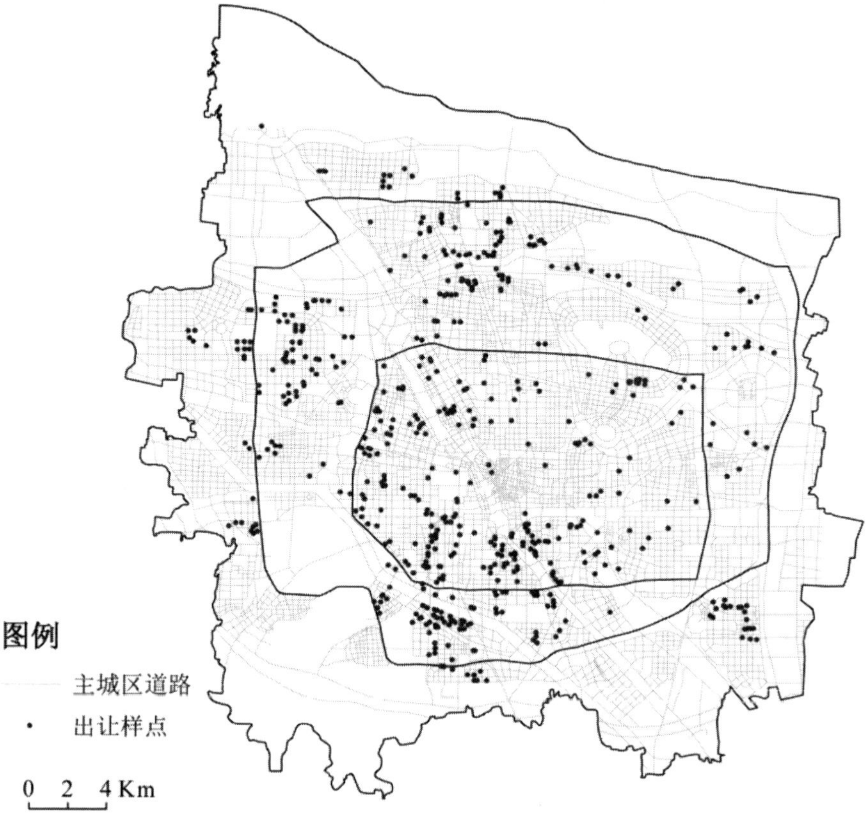

图 9–1　2010—2016 年郑州市主城区住宅用地出让样点分布

9.3.2.1　出让样点地价总体状况

根据郑州市住宅用地出让样点数据，本书采用统计分析法对 2010—2016 年平均楼面地价和地价增长率进行分析，发现研究期间郑州市住宅地价获得了大幅度的增长，平均楼面地价由 2010 年的 808.14 元 / 平方米增加到 2016 年的 3942.44 元 / 平方米，根据各年份间的增长率水平，可以把研究期分为两个阶段；2010—2013 年的平稳增长阶段，平均楼面地价到 2013 年增至 1016.9 元 / 平方米；2014—2016 年的快速增长阶段，2016 年郑州市平均楼面地价环比增长了 70%，同比增长了 114.2%（见表 9–4）。

表 9-4 2010—2016 年郑州市住宅用地出让样点基本情况

年份	样点个数（个）	出让总面积（万平方米）	平均楼面地价（元 / 平方米）	地价增长率（%）
2010	26	174.99	808.14	—
2011	31	114.62	1020.59	26.3
2012	67	226.52	1019.39	–0.1
2013	88	366.42	1016.90	–0.2
2014	109	433.04	1840.23	81.0
2015	95	360.02	2319.49	26.0
2016	119	508.37	3942.44	70.0

9.3.2.2 分区出让样点地价状况

本书采用 GIS 软件的空间分区统计方法进行筛选和统计，可以看出 2010—2016 年郑州市住宅出让样点地块在空间上的拓展和地价在空间上的分布状况。研究期间，郑州市住宅用地出让样点主要集中在四环以内的区域范围内，出让样点数为 462 个，占全部出让样点的 86.36%，可以明显地分为两个阶段，其中 2010—2012 年出让样点主要发生在三环以内地区，各年份出让样点数都在该年份出让样点总量的一半以上；而到了 2013—2016 年，三环外四环内区域成为出让样点集中地带，各年出让样点数都在该年出让样点总量的四成以上。表明 2013 年以来郑州市城市建设的空间重点已转移到三环以外地区，甚至四环以外地区，四环以外的出让样点数也从无到有，占比从 2012 年的 8.96% 增加到 2016 年的 13.45%，最高的 2014 年占 20% 以上（见图 9–2、表 9–5）。

研究期间，各分区住宅用地出让价格都获得了较大幅度的上涨，尤其是 2013 年以来，上涨幅度增加。主城区三环以内地区住宅用地交易样点的平均楼面地价由 2010 年的 834.3 元 / 平方米增至 2016 年的 6892.19 元 / 平方米，上涨了 726%，为全市住宅地价上涨最高的地段。三环外四环内

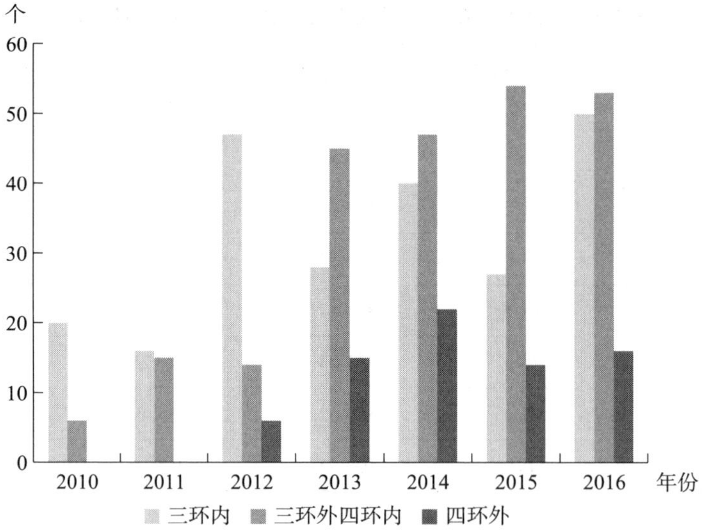

图 9-2　2010—2016 年郑州市分区域住宅交易样点情况

地区的住宅出让样点平均楼面地价由 2010 年的 625.08 元 / 平方米上涨至 2016 年的 2146.73 元 / 平方米，上涨了 243.4%。四环外地区自 2013 年以来地价出让样点逐渐增多，平均楼面地价也由 2013 年的 942.49 元 / 平方米增至 2016 年的 3133.24 元 / 平方米，上涨了 232.4%（见图 9-3、表 9-5）。

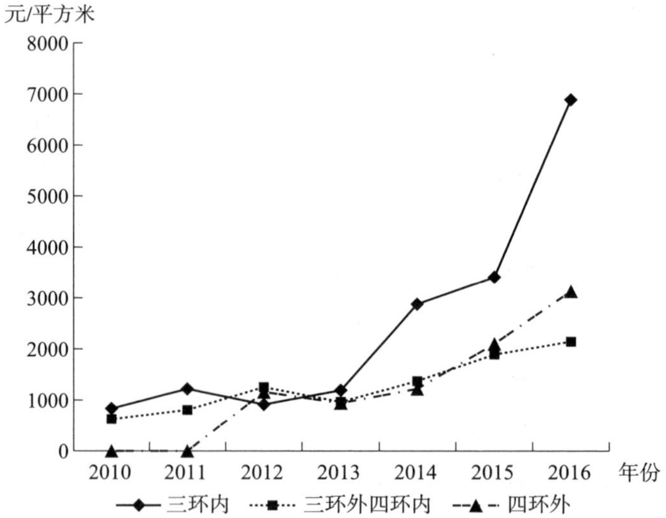

图 9-3　2010—2016 年郑州市分区域住宅出让样点平均楼面地价

表 9-5　2010—2016 年郑州市分区域住宅用地出让样点地价

区域	年份	样点个数（个）	出让总面积（万平方米）	平均楼面地价（元/平方米）	地价增长率（%）
三环内	2010	20	144.12	834.30	—
	2011	16	51.41	1220.13	46.2
	2012	47	111.43	914.65	–25.0
	2013	28	71.85	1193.02	30.4
	2014	40	121.64	2878.86	141.3
	2015	27	78.80	3411.84	18.5
	2016	50	158.28	6892.19	102.0
	合计	228	737.53	2542.20	—
三环外四化内	2010	6	30.87	625.08	—
	2011	15	63.21	806.67	29.1
	2012	14	75.98	1255.82	55.7
	2013	45	207.39	966.03	–23.1
	2014	47	198.59	1374.75	42.3
	2015	54	208.52	1893.96	37.8
	2016	53	236.42	2146.73	13.3
	合计	234	1020.98	1511.24	—
四环外	2010	—	—	—	—
	2011	—	—	—	—
	2012	6	39.12	1161.36	—
	2013	15	87.18	942.49	–18.8
	2014	22	112.81	1221.80	29.6
	2015	14	72.70	2103.42	72.2
	2016	16	113.67	3133.24	49.0
	合计	73	425.48	1789.20	—

9.3.3 郑州市住宅地价空间格局特征

本书通过 GIS 空间分析得到住宅出让地价的空间分布变化图，能够直观地显示郑州市主城区住宅地价的空间分布格局特征。在此基础上，本书采用空间插值法和剖面线分析法得到郑州市 2013 年和 2016 年住宅出让地价的等值线图和空间剖面图。

9.3.3.1 住宅地价等值线比较分析

本书通过把 2010—2012 年的出让样点采用地价指数修正到 2013 年的地价水平并纳入 2013 年的地价样点数据中，采用各样点的楼面地价进行空间插值，并以 200 元 / 平方米为等值距提取等值线（见图 9–4），可以得到以下几个结论：郑州市住宅地价呈现出由中心城区向外围降低的圈层式分布，三环以内地区出让样点密集，地价较高，地价峰值集中在金水老城区西，并由此向其他方向逐步降低；三环以内中心城区地价等值线密集，地价梯度变化明显，说明这些地方住宅样点地价差异比较大，三环以外地区地价等值线逐渐稀疏，梯度减小，样点间的地价水平差异减小；北龙湖片区、龙子湖片区、经开滨河国际新城区片及西南三环外地区在 2013 年之前住宅用地出让样点较少，地价相对较为均衡。

本书把 2014 年和 2015 年的出让样点采用地价指数修正到 2016 年的地价水平，并纳入 2016 年的地价样点数据中，对 2016 年的郑州市主城区住宅地价空间格局进行分析（见图 9–5）。郑州市住宅地价仍呈现出由中心城区向外围降低的圈层式分布，三环以外四环以内地区的出让样点密度大幅度增加，地价峰值由金水老城区转移至北龙湖片区，楼面地价最大值位于朝阳路南龙翔二街东，住宅地价由此向其他方向呈减弱态势；三环以内城区尤其是北龙湖片区地价等值线密集，地价梯度变化明显，这些地方样点间的地价水平差异比较大，三环以外地区地价等值线逐渐稀疏，地价梯度减小，样点间的地价水平差异减小；西南四环外地区、西四环外地区和西北四环外地区住宅用地出让样点较少，地价相对较为均衡。

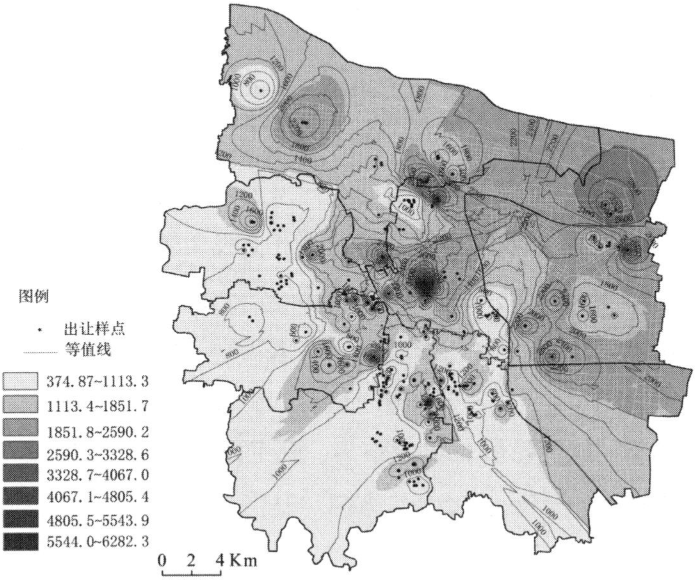

图 9-4　2013 年郑州市主城区住宅地价水平空间格局

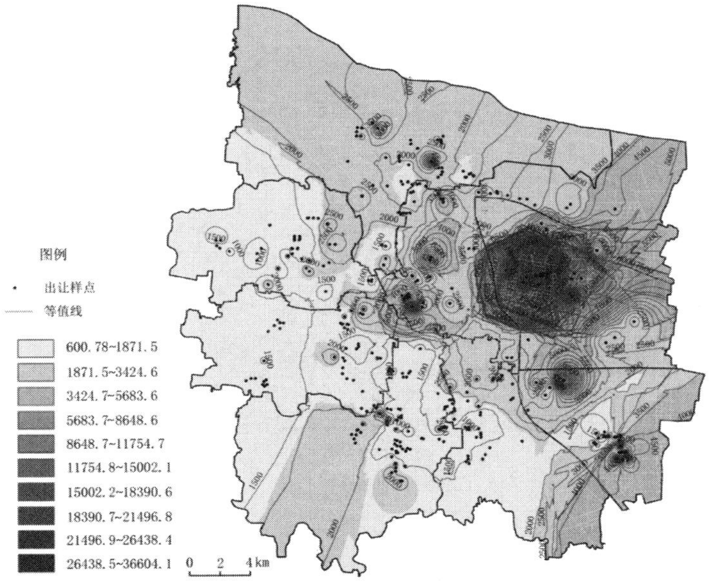

图 9-5　2016 年郑州市主城区住宅地价水平空间格局

9.3.3.2 剖面线方向住宅地价比较分析

根据《郑州市城市总体规划（2010—2020年）》（2017年修订），中心城区城市空间布局为“一主一城、两轴多心”。两轴指南北向发展轴和东西向发展轴，南北向城市发展轴沿南北向京港澳高速公路、中州大道—机场高速等轴线形成从主城区至航空城的南北向发展轴，作为中心城区空间拓展的主骨架；东西向城市发展轴依托郑—汴—洛发展带，沿郑上路—建设路—金水路—郑开大道、中原路—东西大街—郑汴路两条轴线形成中心城区东西向发展轴，作为主城区空间拓展的主骨架。根据中心城区发展的轴向，以2013年地价峰值点农业路北、勤工路西地块样点为基点，选择基点—北龙湖方向、基点—经开区方向、基点—高新区方向和基点—龙子湖方向（见图9-6），采用地理信息系统三维分析功能，对四个方向的剖面线地价变化态势进行分析。

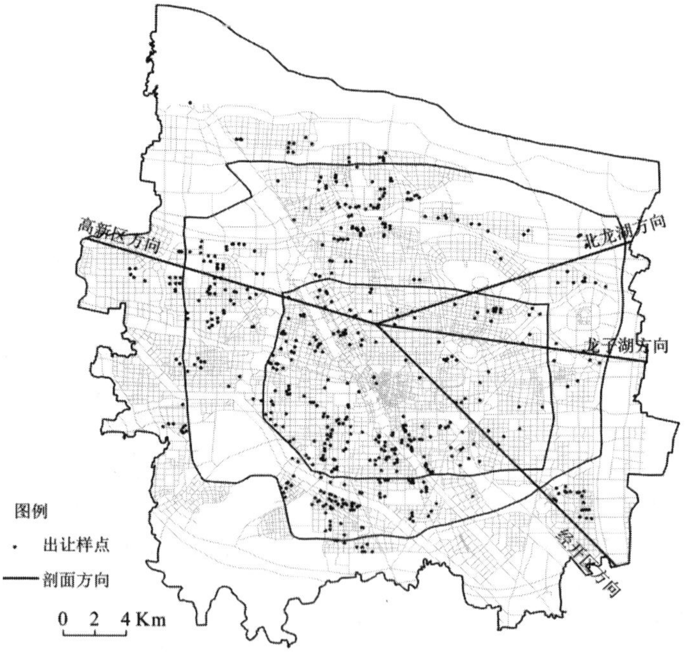

图9-6 郑州市主城区住宅地价剖面线方向示意图

（1）北龙湖方向剖面线地价态势。2013 年，郑州市住宅地价自基点向北龙湖方向在 2 千米以内快速下降，楼面地价从 5000 元 / 平方米降至 2000 元 / 平方米，4 千米以外住宅楼面地价保持平稳，其间也有小幅的波动降低，主要原因在于 2013 年之前北龙湖方向出让地块较少，北龙湖区片的地价市场尚未发育形成。2016 年北龙湖方向地价曲线发生了较为显著的变化，自基点向外围地区地价骤然增大，在 4 千米处出现局部峰值，在距基点 8 千米的地方达到全局峰值，楼面地价高达 25000 元 / 平方米以上（见图 9–7）。主要原因是，根据《郑州市总体规划（2010—2020 年）》（2017 年修订），北龙湖片区将是郑东新区 CBD 的副中心、郑州市商务、金融、会展和办公中心的重要部分，是郑州市未来一段时间发展的主导空间方向之一，朝阳路北九如路西地块拍出楼面地价达 26035 元 / 平方米，朝阳路南如意东路东地块拍出楼面地价 36310 元 / 平方米、朝阳路南龙翔二街东地块拍出楼面地价 36915 元 / 平方米，导致北龙湖核心区成为全市住宅楼面地价最高的地区。

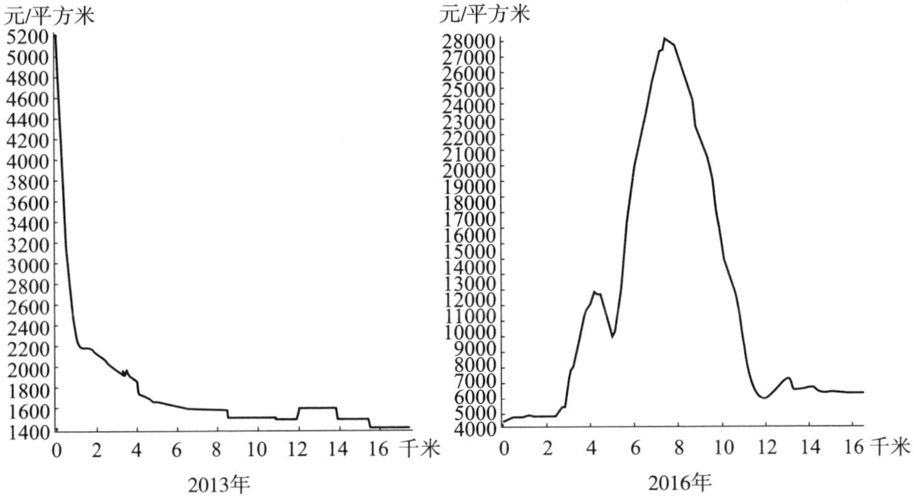

图 9–7 2013 年和 2016 年北龙湖方向剖面线地价

（2）经开区方向剖面线地价态势。2013 年，住宅地价自基点向经开区方向呈持续波动下降的趋势，2 千米以内下降较快，10 千米之外基本平稳保持在楼面地价 1100 元 / 平方米的水平。2016 年，在郑州市住宅用地一级市场激烈竞争的宏观背景下，郑州市经开区频繁产生区域性“地王”，其中包括经开第一大街经北二路地块楼面地价为 4885 元 / 平方米，经南十一路以南经开第十九大街东地块楼面地价 9005 元 / 平方米，经南九路以南经开第十八大街以东地块楼面地价 9797 元 / 平方米，经南十二路以南经开第十七大街以东地块楼面地价 10544 元 / 平方米，经开第十七大街以东经北二路北地块楼面地价 11920 元 / 平方米。这些地块频频刷新经开区“地王”纪录，造成了自基点向经开滨河新城方向的住宅楼面地价出现多处局部峰值点（见图 9–8）。

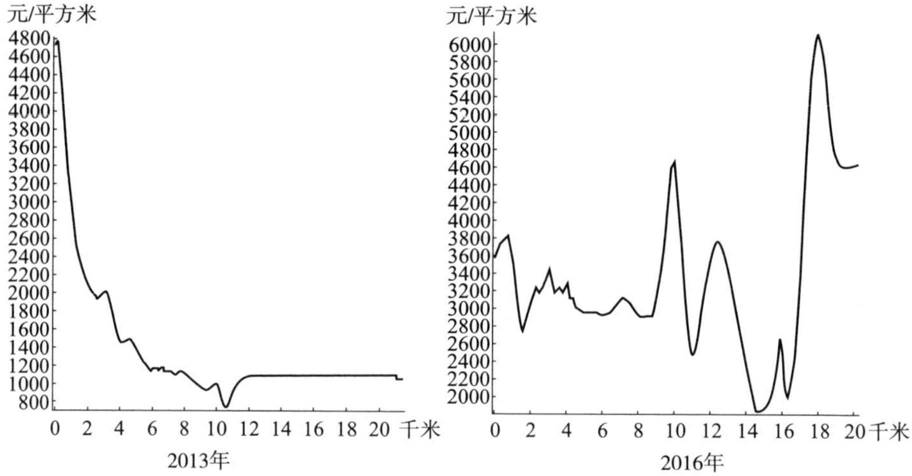

图 9–8　2013 年和 2016 年经开区方向剖面线地价

（3）高新区方向剖面线地价态势。2013 年，住宅地价自基点向高新区方向呈波动下降的趋势，尤其是在 3 千米以内下降较快，3~10 千米波动下降，10~12 千米处于最低值，主要是因为该地区为郑州大学和解放军信息工程大学等高校用地，住宅用地价格表现不显著。2016 年高新区方向住宅地价在 2 千米范围内快速下降，其后波动上升，分别在 3 千米和 8 千米的地方形成两个局部峰值，主要原因是枫扬街南石楠路西地块和国槐路南石楠路西地块拍出楼面地价是高新区局部地区的峰值价，由此向外围住宅地价逐渐降低，到 14 千米处住宅地价降至最低，由于该处为天健湖公园，住宅地价表现不显著（见图 9–9）。

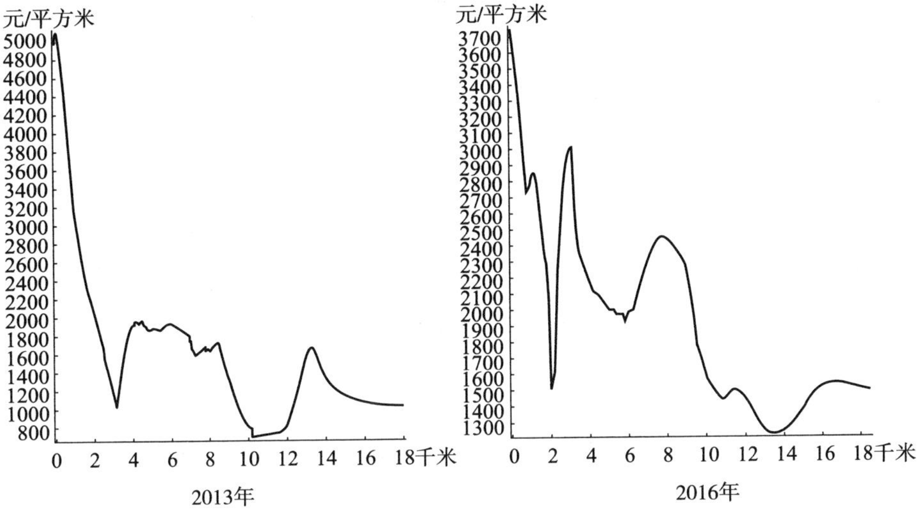

图 9–9 2013 年和 2016 年高新区方向剖面线地价

（4）龙子湖方向剖面线地价态势。2013 年，住宅价格自主城区基点向龙子湖方向表现出在 4 千米以内快速下降，进而保持相对平稳的态势。2016 年龙子湖方向住宅价格发生较大的变化，自基点向外地价骤然提升，分别在距基点 5 千米、7 千米和 8 千米的地方出现局部峰值，楼面地价在 12000 元 / 平方米以上。主要原因为伴随着郑州市商品住宅价格的不断上涨，郑东新区“地王”频出，尤其是朝阳路北、如意东路以东地块拍出楼面地价高达 24128 元 / 平方米，平安大道南东风渠北地块、龙湖外环路龙翔八街地块楼面地价也都在 11000 元 / 平方米以上，综合造成了龙子湖区片住宅价格大幅度抬升（见图 9–10）。

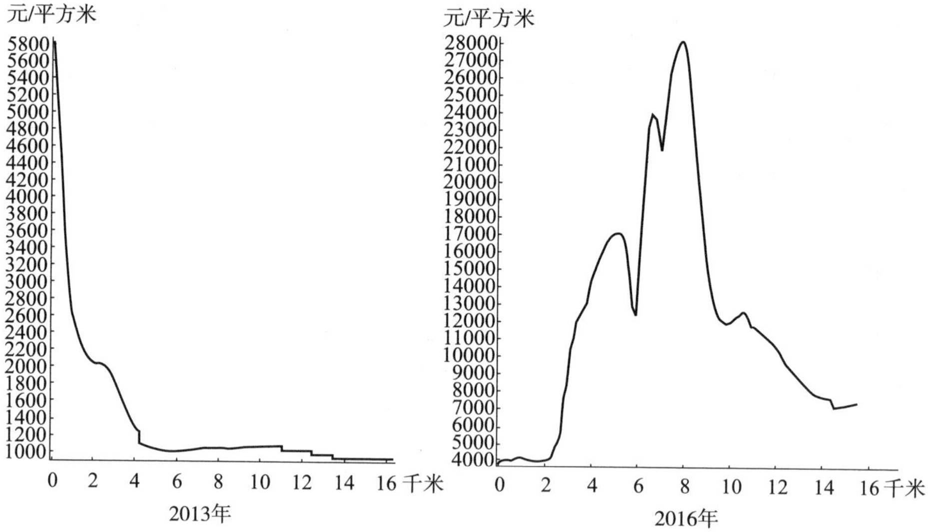

图 9-10　2013 年和 2016 年龙子湖方向剖面线地价

9.3.4　郑州市住宅地价格局变化影响因素

9.3.4.1　城市发展的规划引导

城市主导发展方向是城市未来投资建设的重点，是高端产业、就业、居住和房地产投资等经济社会各方面的集聚焦点。城市主导发展方向的基础设施建设和公共服务设施布局完善、建设速度和建设标准都优于其他地区，在城市发展的主导方向上往往是地价上涨明显和“地王”集中的区域。根据《郑州市城市总体规划（2010—2020 年）》（2017 年修订），郑州市中心城区将形成“一主一城、两轴多心”的空间布局结构，其中，两轴分别指沿郑上路—建设路—金水路—郑开大道、中原路—东西大街—郑汴路形成东西向发展轴，沿南北向京港澳高速公路、中州大道—机场高速形成南北向发展轴；多中心是指以二七广场商业中心、郑东新区 CBD、郑州东站交通枢纽中心、郑州航空港交通枢纽中心为核心，构建区域—城市—片区三个层次的城市中心体系；处在两轴和多中心节点的区域将成为未来一段时期郑州市城市建设和地价潜力释放的重点地区。

9.3.4.2 城市功能分区与产业布局

中心城市各分区组团的功能定位和产业布局也是影响各片区各类用地价格的主要因素。根据《郑州市城市总体规划（2010—2020 年）》（2017 年修订），郑州市中心城区将以主要交通干线、城市基础设施廊道、城市水系和绿化空间为界形成老城区、郑东新区、经开区、南部片区、高新区、须水片区、惠济片区和北部片区共八个功能片区。其中：老城区为省市政治、文化中心，传统商业服务中心，中心城市的主要生活居住空间，历史文化名城保护的核心区。郑东新区将形成河南省改革开放的窗口，区域性现代服务业中心，金融、会展、文化、高等教育、体育中心。经开区将形成现代制造业基地和外向型经济基地。高新区将形成特色鲜明的高新技术产业、科教、创新产业基地。以郑东新区 CBD 为主中心，郑州东站为副中心将形成集金融、商务、会展、办公于一体的区域性中心，所以包括 CBD 及周边地区、北龙湖片区、龙子湖片区和郑州东站周边地区住宅用地价格潜力已明显释放，成为全市住宅地价的高值区。

9.3.4.3 城市公共交通设施建设

公共交通便捷性对城市住宅地价具有非常显著的影响，尤其是轨道交通建设对轨道交通站点周围地区的地价具有显著的影响。未来一段时间郑州市将突出公共交通优先发展，加快公共交通建设，形成以轨道交通为骨干，公共交通为主体的城市客运交通系统。根据《郑州市城市轨道交通近期建设规划（2014—2020 年）》，郑州市将建设 1 号线、2 号线二期，3 号线一期，4 号线和 5 号线，线路全长 120.7 千米，2020 年建成五条运营线路总长度 166.9 千米的轨道交通网络。城市轨道交通能够显著改善城市居民的日常出行条件，大幅度缓解交通拥挤，缩短通勤或日常出行时间，提升城市出行的可达性，所以轨道交通建设对沿线地区，尤其是站点周边地区的房地产价格具有重要的影响，进而会带来沿线地区尤其是站点周边地区土地价格的上涨。

9.3.4.4 绿地景观和生态环境质量

随着经济社会的发展和人民生活水平的提高，人们对居住环境质量的要求越来越高，滨河景观、滨湖景观、公园绿地景观等成为改善需求追捧的对象。根据《郑州市城市总体规划（2010—2020年）》（2017年修订），郑州市中心城区将建成“两带一环四楔两湖七链”的绿地系统，到2020年市内将建大型综合型公园9个、专类公园13个，位于郑东新区的龙湖中央公园占地499公顷，龙湖中央公园按照生态城市、共生城市的设计思想，坚持场地复合设计，构造了集湿地公园、体育公园、商业公园等于一体的融合休闲、娱乐、健身运动和生态净化等多元复合功能的城市大型综合绿地系统。这是北龙湖地区成为全市地价最高区位的重要原因。

在采集郑州市中心城区2010—2016年住宅用地出让样点地价数据的基础上，采用空间分析和数理统计分析对郑州市住宅地价的时空间变化进行深入分析，得出以下几点结论：①随着郑州市商品住宅价格的大幅度上涨，郑州市住宅地价也获得了快速上涨，但各地区上涨的幅度存在一定的差别；②郑州市住宅地价在空间上表现出以中心城区为峰值向周边地区降低的分布特征，地价峰值区由金水老城区的农业路、勤工路地块向北龙湖片区的朝阳路、如意东路地块转移，中心城区地价等值线密集，区域地价差距变化明显，外围地区地价等值线稀疏，地价相对较为均质；③郑州市住宅地价空间格局是城市发展规划引导、城市功能分区与产业布局、公共交通设施建设、绿地景观和生态环境质量等多种因素综合作用的结果。

9.4 GIS在估价中的实施保障

9.4.1 建立并更新估价信息数据库

建立估价信息数据库是实施GIS技术辅助估价服务的基础。按照估价各工作环节的需要，估价信息数据库主要包括市场调查数据库、估价基础资料数据库、地价及房价动态监测数据库、估价档案数据库等。估价信息数据库的构建需利用 GIS 强大的数据采集和编辑功能，对城市基础地理信息进行采集，包括城市道路、城市居住区和居住小区的范围、公共交通、公共服务、环境景观等基础数据，构建区域基础信息数据库。通过市场调研对房产信息（新增和存量房交易实例的区位、价格和物业属性）进行建库，构建市场调查数据库。根据区域房地产市场活跃程度和物业在该区片的代表性和典型性选择房价动态监测样点，进行定期监测，定期更新样点价格，建立房价动态监测数据库，把监测结果可视化，定期发布监测结果。估价档案数据库是在对估价机构业务资料分类整理的基础上，对业务的空间数据和属性数据进行统一管理和定期更新等。

9.4.2 评估专业人员的学科背景

评估专业人员包括评估师和其他具有评估专业知识及实践经验的评估从业人员。《资产评估法》（2016 年 7 月 2 日第十二届全国人民代表大会常务委员会第二十一次会议通过）虽然对评估专业人员的基本要求进行了规定，但并没有限制评估专业人员的学科背景。在大数据时代，随着新技术在房地产估价领域的渗透和应用，评估专业人员不能仅限于房地产开发经营与管理、土地资源管理、工程造价等专业人才，还要广泛吸收计算机、测绘、城乡规划、地理信息系统等专业人才的融入，多学科领域人才的广泛融合才能有效地推进新技术、新方法在估价领域的深化应用。

9.4.3 评估专业人员数据分析能力

估价机构应该重视对评估专业人员，尤其是估价师的数据分析能力和数据管理能力的提升。数据分析能力要重点强调对数据空间分析能力的培养和提升；数据管理能力要着重于对房地产市场调查数据、估价基础资料、房价监测数据、估价信息系统和估价档案管理信息系统的更新、查询、统计和分析的能力培养。除了各级估价师与协会组织的应用培训，各估价机构内部也应该通过员工培训的方式加强评估专业人员的数据分析管理素养的提升，或者通过参加培训机构组织的计算机技术、地理信息系统技术应用培训来提高评估专业人员的数据分析管理水平。

第四篇

不动产估价行业高质量发展路径探索

10 疫情影响下的土地估价行业发展

10.1 土地估价行业及新冠疫情的不利影响

10.1.1 中国土地估价行业发展历程

中国土地估价行业是随着城镇土地使用制度改革和土地市场的兴起而发展起来的，先后经历了起步发展、脱钩改制和深化改革发展三个阶段。从1990年到20世纪末是起步发展阶段，1993年原国家土地管理局颁布了《土地估价师资格考试暂行办法》（国土〔籍〕字〔1993〕第28号）和《土地估价机构管理暂行规定》（国土〔籍〕字〔1993〕第29号），成立了全国土地估价师资格考试委员会，建立了土地估价师资格考试制度，土地估价师队伍和土地估价机构逐步组建起来。随着国有企业改革的推进，土地估价为国有企业改革中土地资产处置发挥了重要作用，有力地支持了国有企业改制，推进了土地有偿使用制度改革顺利开展。1999年，原国土资源部印发了《关于土地评估机构与政府主管部门脱钩的通知》，标志着中国土地估价行业进入脱钩改制阶段，一些事业性质的土地估价机构通过脱钩改制发展成为中介评估机构，土地估价师职业考试面向全社会展开，执业土地估价师队伍不断壮大，估价机构数量快速增加，土地估价行业得到了快速发展，有力地支撑了市场交易的进行、土地市场的有序健康发展，维护了市场交易各方的合法权益。2014年国务院印发了《关于取消和调整一批行政审批项目等事项的决定》（国发〔2014〕50号），取消土地估价师职业资格许可和认定事项，标志着土地估价行业进入深化改革发展阶段，2016年《中华人民共和国资产评估法》的颁布实施，明确了土地估价行业的法律地位，推动估价行业进一步规范发展。

2020年以来，新冠疫情全球蔓延，严重影响了世界各国的社会稳定和经济发展。2020年1月20日，习近平总书记针对新冠疫情防控做出重要指示，国家卫健委开始每日统计各省新发病例人数，打响了对疫情严防严控的阻击战。为控制疫情，全球不少国家和地区都采取了严格的隔离措施，对人员流动或航班采取封闭或限制措施，造成不少行业全球供应链中断，国际贸易供给与需求都受到破坏。目前，新冠疫情防控取得阶段性成效，但国外疫情的不断蔓延和国内形势的不断反弹，为我国经济社会发展带来了巨大的冲击和影响。宏观上，新冠疫情的冲击表现在产业增加值、消费、投资、出口、企业利润、一般公共预算收入等明显下降，居民收入明显回落。中观上，疫情蔓延对我国产品进出口和全球产业链带来严重冲击，航空、旅游等服务业首当其冲，但相关防疫产品的进口需求和出口供给出现大幅增长，新型基础设施、医药和互联网产业不断发展。微观上，新冠疫情强烈抑制了企业投资，中小企业面临较高的财务脆弱性风险，虽然政府出台了纾困企业的组合政策，但政策效果与企业诉求仍有较大偏差。

10.1.2 疫情对估价行业的不利影响

10.1.2.1 业务量和营业额明显降低

受疫情影响，全国范围内宏观经济形势整体下滑，投资预期降低，银行储蓄存款余额同比大幅增加，投资强度明显降低，假期延长、企业停产停业，需求单位或推迟或取消新业务开展，或对新业务放缓进度，客户或估价机构复工延迟等致使土地估价机构原有业务周期延长或进展缓慢，新业务量下降、估价机构营业收入同比明显降低。

10.1.2.2 封控影响正常工作程序开展

为遏制新冠疫情蔓延，武汉自2020年1月23日起实施了“封城”措施，此后，全国各地陆续开始采取各种措施防止疫情蔓延。区域间的相互隔离造成人员流动严重受限，外业人员要接受属地疫情防控管控约束，导致实地查勘难度较大，正常评估程序难以顺利完成，造成评估周期拖延。日常出行受限、差旅的风险防控以及后勤保障费用提高，机构营业收入减少，运营成本增加。疫情原因，限制聚集的强制措施也导致估价机构与业务需求方的现场沟通受到很大限制，影响了机构新业务的拓展。

10.1.2.3 行业内部竞争加剧

一些机构为了在激烈的市场竞争中求得生存，追求短期利益，为招揽业务，采取低价竞争、高评低估等行为，致使行业内部恶性竞争时有发生，非常不利于土地估价行业正常市场秩序的维持。低价竞争是部分机构为了获得更多市场份额的惯用伎俩，不顾服务质量，一味地通过压低收费价格来进行竞争，甚至低于经营成本，扰乱了整个行业的市场秩序。还有一些机构通过诋毁的方式挤压竞争对手，破坏了行业诚信体系，非常不利于行业的长远发展。近几年，就个别机构违反协会自律规定进行低价恶性竞争，扰乱行业市场秩序的现象，一些地方估价行业协会就相关行为给予了严肃的处理，对营造竞争有序、风清气正的行业发展环境发挥了重要作用。

10.1.2.4 行业执业风险明显加大

疫情造成土地估价行业的风险因素和不确定性因素增加。首先是区域封控和人员流动管控致使实地查勘受限，甚至有些地方因无法开展实地查勘、资料核实等工作造成评估程序风险加大。疫情对宏观经济形势造成的短、中、长期的持续不确定性影响，致使评估专业人员对投资、收益和空置预判的合理性难以把握，从而使估价过程中的技术风险加大，在评估工作中，对价格指数、还原率、增值收益率、利润率等参数的确定难以把握而产生技术风险。估价机构、行业协会和行政管理部门之间的面对面交流受阻，对机构的监管力度和自律管理的力度减弱造成监管风险加大。客户取消业务委托或延缓业务进度，或者估价机构由于停产停工造成双方违约的风险增加。

10.2 疫情影响下土地估价行业面临的形势

10.2.1 业务范围和业务量或将持续收缩

长期以来，土地估价业务主要依赖于法定评估业务，包括土地出让、抵押贷款、司法鉴定等涉及的土地价格评估，业务主要来源于政府部门和金融机构，来自市场的业务较少。未来估价机构最担心的还是业务不足的问题，宗地评估是土地评估的主导业务，但是由于房地产市场的低迷造成土地一级市场不景气，出让评估业务大幅减少，同时出让评估还要历经招标、入围、抽号、背靠背评估，仅有小部分机构才能承揽出让评估业务。在银行等金融机构的抵押评估业务中，单纯的土地抵押评估也将会越来越少，抵押评估业务大多归口于房地产估价，也造成土地估价机构在银行业务领域的竞争优势下降。在司法鉴定评估项目中大多是房地产处置，土地估价机构就算入围司法名录库，业务量也会非常小。疫情影响下造成的实体经济低迷、经济效益下降和投资预期不足都给土地估价业务带来较大的影响。

10.2.2 估价行业经营成本或将增加

疫情风险依然存在，企业防护成本、管理成本、人员成本的增加使机构经营成本大幅度增加；机构为了承揽业务，压价竞争，尤其是抵押评估收费由客户支付转移到银行支付后，银行都在降低支付标准，造成不少土地估价机构收入急剧下降；政府财政紧张，政府部门拖欠土地评估费的问题也越来越突出。一些机构为了降低执业成本，采取了降低评估专业人员工资的措施，导致行业内估价师及评估专业人员流动频繁，机构后备技术力量不足，一些机构的一线技术人员严重短缺，导致主导业务都难以开展，新业务更无法拓展。

10.2.3　土地估价行业竞争也将愈演愈烈

土地估价行业面临的竞争主要来自行业之间的挤压和行业内部机构间的竞争。行业之间的挤压主要是因为房地产估价和资产评估对土地估价业务的抢占，机构备案实施以来由于土地估价资质备案的条件较低，而房地产估价机构备案依然继承原有的等级制备案，逐渐造成房地产、资产评估机构兼有土地评估资质，而土地估价机构难以备案房地产估价机构，这就造成只有土地估价资质的中小机构的生存空间越来越小。行业内部机构间的竞争更多的还是压价竞争问题，近几年河南省土地估价师协会多次通报批评了个别机构违背相关规定、低价竞争、违背承诺的不良行为，对营造风清气正的行业发展环境发挥了重要作用。

10.3　土地估价行业高质量发展的路径

10.3.1　疫情防控和企业经营两手抓

疫情防控常态化的形势下，仍然要强抓疫情防控不放松，在意识上要高度警惕、在管理上要严格执行上级的防控指令，严查严防，严格办公场所日常防护、严格人员日常管理、保障防护用品，最大限度地保障职工日常出勤和差旅行程的人身安全。在巩固疫情防控成效的基础上，抓企业生产经营，积极尝试线上线下相结合的工作机制，包括远程查勘、视频会议、网络培训等网络信息技术的广泛应用以保障工作的有效开展，当然也要保证估价服务质量。

10.3.2 研判行业形势并拓展业务领域

大部分土地估价机构的业务还主要以出让评估、抵押评估、征收评估、司法鉴定评估等传统业务为主，业务类型单一。疫情暴发后，国民经济不少行业受到严重影响，甚至出现停产、停业、转行等问题，评估业务也随之面临业务量减少、存量业务延期或者取消等情况。面对不利形势，估价机构要全面研判土地估价行业形势，抓住新型城镇化、土地使用制度改革以及自然资源评估即将推广的有利时机，研究新政策及市场对专业服务的需求、拓展新的业务方向，尝试与土地规划机构、测绘机构等开展业务合作或共同开展业务，包括国土资源调查、国土空间规划、土地集约利用评价、资源环境评价、耕地质量等级评价等。密切关注城乡统一的建设用地市场建设、土地征收制度改革、集体建设用地流转等新的形势，集体经营性建设用地入市、宅基地流转、农用地流转等都将涉及价格评估，集体建设用地和集体农用地分等定级、基准地价评估与定期更新等都将相继开展。除土地估价外，土地估价机构还应不断拓展执业范围和服务领域，可以探索开展估价咨询、开发流程管理、地产投资项目决策分析、融资顾问、社会稳定性风险评估、代办产权手续等方面的咨询服务，探索土地开发全产业链服务体系。

10.3.3 加强行业监管和机构备案管理

加强行业监管，规范市场秩序，对出现的恶性竞争、互相压低评估费用的乱象做出严厉的违规处罚，有效遏制故意竞相压价承揽业务的行为。发挥好土地估价行业“双随机、一公开”监督检查作用，优化行业营商环境，促进行业健康发展。加强机构备案管理，尤其要强化机构备案要求，针对土地估价机构备案门槛低的现状，借鉴房地产估价机构备案的经验，开展土地估价机构等级备案的探索，避免房地产估价机构只要有两到三个土地估价师就能备案土地估价资质的现象。提高法定评估业务的执业门槛，避免土地估价业务受到评估行业间的竞争。估价机构也要加强内部管理制度建设，包括建立和完善企业组织管理制度、业务管理制度、人力资源管理制度、财务管理制度和档案管理制度，建立绩效考核机制、质量管理机制和风险防控机制，形成权责分明和运行高效的企业运行机制，提高估价师在土地估价机构中的主体地位。

10.3.4 加强行业自律管理和诚信建设

合理引导和强化行业自律管理，在管理制度和政策上给予行业协会更多的权限。顺应市场需求和业务面临的新形势、新问题，进一步完善行业自律管理制度，及时开展土地估价技术规程等的修订完善。改革行业协会自律管理机制，推进行业自律管理向管理与服务并重的方向转变。进一步加强土地估价行业诚信体系建设，建立和完善全国统一的诚信档案数据库，保证档案内容真实可靠，扩大数据采集范围，保持定期动态更新；设立机构信用公开查询平台，将恶意竞价等扰乱市场的行为计入诚信档案并在信用公开平台通报。加强机构资信评价体系建设，做好机构资信评定工作，建立机构资信评价指标体系，通过定期采集和审核机构的信息确定机构的资信等级。引导和鼓励估价机构加强估价报告质量管理，规范评估工作流程，严格报告三级审核程序，提高估价报告质量。加强员工业务技能培训，提升团队整体素质和专业技能，加强与高等院校、研究机构的合作，建立常态化的研讨和学习机制，夯实内功，塑造品牌形象。

10.4 土地估价行业未来新业务领域

10.4.1 自然资源分等定级与价格评估

为进一步加强自然资源统一管理，2019 年，中共中央办公厅、国务院办公厅印发了《关于统筹推进自然资源资产产权制度改革的指导意见》，明确提出完善自然资源资产分等定级价格评估制度和资产审核制度。新修订的《土地管理法》也明确要求：县级以上自然资源主管部门会同同级有关部门根据土地调查成果、规划统一用途和国家制定的统一标准，评定土地等级。党的十九届三中全会通过了《中共中央关于深化党和国家机构改革的决定》和《深化党和国家机构改革方案》，决定组建自然资源部，明确自然资源部要履行组织开展自然资源分等定级价格评估职能。为满足新形势下自然资源分等定级管理工作需要，落实中央关于统筹推进自然资源产权制度改革要求以及《土地管理法》要求，基于我国复杂的资源环境，结合我国自然资源质量分布基本情况，开展自然资源分等定级。2021 年，自然资源部发布了《自然资源分等定级通则》和《自然资源价格评估通则》，标志着自然资源分等定级工作有了规范的程序和方法。《自然资源分等定级通则》规范了自然资源分等定级的基本原则、技术路径、工作组织和成果要求，让分等定级制度更具操作性。《自然资源价格评估通则》针对土地、矿产、海域海岛等各类自然资源的价格评估制定整体性规范的技术标准，为显化自然资源资产质量与价值提供了行业标准，将有利于推进自然资源有偿使用制度建设，为自然资源保护和合理开发利用、开展自然资源资产核算和负债表编制等工作提供重要支撑。自然资源分等定级与价格评估将成为未来土地估价行业的一类新业务。

10.4.2 全民所有土地资源资产核算

自 2016 年以来，自然资源部先后在上海、西安、株洲三个城市开展土地资源资产量动态核算探索工作，初步探讨了城市土地资源资产量的影响因素、成果应用方向；2019 年 6 月，为加快推进全国统一的、工程化实施的核算工作，自然资源部选择广东省、宁夏回族自治区、贵阳市、厦门市、南平市、兰州市等地，开展了不同层级、不同尺度的国有土地资产核算工程试点。全民所有土地资源资产核算主要包括宏观、中观及微观尺度下的实物量核算与经济价值量核算等专业测算、评估等内容，各省市土地估价机构利用自身专业知识和土地评估技术，积极参与相关地区的试点工作，为《全民所有土地资源资产核算技术规程》的编制提供实践经验和技术支撑。2021 年 5 月，自然资源部发布实施了《全民所有土地资源资产核算技术规程》，对全民所有土地资源资产核算涉及的各种技术方法进行了规范，明确了国有土地资源资产清查核算的相关技术准则。展望未来，各类自然资源的分等定级、价格评估、资产核算等工程化应用将全面推进。

10.4.3 公示地价体系建设与更新

《中华人民共和国城市房地产管理法》（2019 年 8 月 26 日第十三届全国人民代表大会常务委员会第十二次会议第三次修正）第 33 条规定：基准地价、标定地价和各类房屋的重置价格应当定期确定并公布。公示地价体系主要包括基准地价、标定地价和课税地价等。基准地价是政府定期制定公布的，在某一估价期日，在平均开发利用条件下，不同级别或均质地域按不同土地用途法定最高使用年期的土地权利区域平均价格。标定地价是政府为管理需要确定的，标准宗地在现状开发利用、正常市场条件、法定最高使用年期下，某一估价期日的土地权利价格。根据自然资源部的要求，城镇基准地价要 3~5 年更新一次，现已经过多次更新建立了相对成熟的城镇基准地价体系。《关于部署开展 2019 年度自然资源评价评估工作的通知》要求各地要新建立城镇标定地价、集体建设用地基准地价和农用地基准地价体系，并须在 2020 年 12 月 31 日前完成制订。城镇标定地价体系建设、集体建设用地和集体农用地基准地价现已全面铺开，公示地价体系建设与更新是土地估价业务的重要方面。

10.4.4 园地、林地、草地分等定级估价

2020年8月，自然资源部自然资源开发利用司在内蒙古、福建、江西、湖南、湖北、海南、重庆和四川 8 个省份部署开展了林地、草地分等定级和园林、未利用地分等试点。2021 年 11 月，自然资源部自然资源开发利用司组织召开了《全国林地草地分等定级试点》成果验收会。2021 年，中国土地估价师与土地登记代理人协会快速响应市场对技术标准的需求，在《自然资源分等定级通则》和《自然资源价格评估通则》的基础上组织编写了《林地分等定级技术规程》《草地分等定级技术规程》《林地估价技

术规范》《草地估价技术规范》四项团体标准，并于2021年12月1日起正式发布实施。上述技术细则标准填补了现有林地、草地资源技术标准空白，助推自然资源分等定级估价的工程化应用，规范引导自然资源评价评估人员开展林地、草地分等定级及估价技术工作。

10.4.5 征收土地社会稳定性风险评估

《中华人民共和国突发事件应对法》第5条规定：国家建立重大突发事件风险评估体系，对可能发生的突发事件进行综合评估，减少重大突发事件的发生，最大限度地减轻重大突发事件的影响。《中华人民共和国土地管理法》（2019年8月26日第十三届全国人民代表大会常务委员会第十二次会议第三次修正）第47条规定：县级以上地方人民政府拟申请征收土地的，应当开展拟征收土地现状调查和社会稳定风险评估，并将征收范围、土地现状、征收目的、补偿标准、安置方式和社会保障等在拟征收土地所在的乡（镇）和村、村民小组范围内公告，听取被征收的农村集体经济组织及其成员、村民委员会和其他利害关系人的意见。《中华人民共和国土地管理法实施条例》（2021年国务院令第743号）第26条规定：需要征收土地，县级以上地方人民政府认为符合《土地管理法》第45条规定的，应当发布征收土地预公告，并开展拟征收土地现状调查和社会稳定风险评估。《国有土地上房屋征收与补偿条例》（国务院590号令）第12条规定：市、县级人民政府作出房屋征收决定前，应当按照有关规定进行社会稳定风险评估，房屋征收决定涉及被征收人数量较多的，应当经政府常务会议讨论决定。《重大行政决策程序暂行条例》（国务院713号令）规定开展风险评估可以委托专业机构、社会组织等第三方进行。近几年来，部分土地和房地产估价机构已逐步深入该领域开展业务，2021年4月，河北省自然资源评价评估行业协会发布了《河北省土地征收社会稳定风险评估指引》，从原则、评估依据、评估内容、调查对象与方法、风险因素、风险评估、风险防范和化解措施、评估程序等方面进行了规范，为征收土地社会稳定风险评估业务的开展提供了依据。

10.4.6　地上青苗和附着物补偿标准编制

《中华人民共和国土地管理法》规定：征收农用地以外的其他土地、地上附着物和青苗等的补偿标准，由省、自治区、直辖市制定。各省、市、区在具体执行的过程中会把征地地上附着物和青苗补偿标准制定下放至地级市或县（市）具体执行。诸如，《河南省人民政府关于我省国家建设征用土地上附着物补偿问题的通知》（豫政文〔1993〕152 号）授权由各省辖市政府根据物价变动情况适时调整更新地上附着物补偿标准。2021 年，《中共河南省委 河南省人民政府印发〈关于推进新发展格局下河南县域经济高质量发展的若干意见（试行）〉的通知》（豫发〔2021〕23 号）指出，赋予县（市）更多经济社会管理权限，按照“能放尽放”的原则推动行政审批权限下放，其中，就包括把征地地上附着物和青苗补偿费标准制定下放至县（市）。2022 年，河南省已有一些县（市）编制并发布了国家建设征收土地地上青苗和附着物补偿标准。就此而论，国家建设征收土地地上青苗和附着物补偿标准编制或将成为一项新业务。

11 房地产估价行业高质量发展

20 多年来，房地产估价行业在全国获得了长足发展，但随着我国经济由高速增长向高质量发展阶段的转变，传统估价行业面临许多新的挑战，包括传统估价业务减量、估价机构同质化竞争、估价技术和服务质量有待进一步提升等，房地产估价行业如何适应经济发展的新形势和新需求，如何开拓房地产估价行业高质量发展的新路径，以更好地服务于经济高质量发展，需要深入思考。

11.1 房地产估价行业现状

11.1.1 房地产估价行业发展现状

改革开放以来，中国房地产估价行业发展大致可以划分为诞生与起步阶段（改革开放初期—2000 年）、快速发展壮大阶段（2001—2015 年）和综合化发展阶段（2016 年以来）。1994 年我国出台了《城市房地产管理法》，规定实行房地产价格评估制度及房地产价格评估人员资格认证制度，从 1995 年开始实行房地产估价师职业资格全国统一考试制度。自 2001 年以来，随着住房制度改革的深化，房地产估价机构与行政主管部门脱钩改制，房地产估价行业获得了快速发展。2016 年《资产评估法》的发布实施，确定了评估行业的法律地位，房地产估价行业进入综合化和信息化的发展阶段。截至 2020 年，全国从事房地产估价的机构有 5000 多家，其中一级资质机构有 500 多家，二级资质机构有 1700 余家，三级资质机构约有 3000 家。

笔者所在的河南省是中部地区省份之一，河南省房地产估价行业的发展可以看作是全国房地产估价行业发展的缩影。自脱钩改制以来，河南省房地产估价行业在过去的20年里经历了起步发展、快速发展和稳步提升的发展阶段，在机构数量、业务开展、人才培养、信用建设、学术研究、文化建设等方面取得了显著的成效，服务能力和水平明显提高，在服务全省经济社会发展中发挥了积极的作用。2020年，河南省房地产估价机构331家，其中，一级机构53家；房地产估价师3038名，估价总监212名。河南省房地产估价行业正向机构规模化、人才多元化、服务专业化、业务多样化方向发展。在河南省房地产估价师协会的引领下，房地产估价行业坚持把发展目标凝聚到机构发展、业务发展、服务提升和人才培养各方面，不断推进河南省房地产估价经纪行业高质量发展，取得了显著的成效，在全国房地产估价与经纪行业中的地位和影响力日益提升。

11.1.2 估价行业发展存在的问题

房地产估价行业在发展中还存在一些普遍性的问题，诸如，传统业务逐渐萎缩、新业务领域尚不宽阔、传统估价服务质量有待提升、行业人员整体素质有待提高、机构风险意识比较薄弱等。

11.1.2.1 传统业务逐渐萎缩

在城市建设与房地产行业飞速发展的时期，抵押估价、司法拍卖估价和房屋征收估价被称为房地产估价行业三大传统业务，随着行业市场竞争得越发激烈，这些业务的利润空间也明显被压缩。2018年8月最高人民法院出台《关于人民法院确定财产处置参考价若干问题的规定》（法释〔2018〕15号），规定人民法院确定财产处置参考价，可以采取当事人议价、定向询价、网络询价和委托评估等方式。截至2022年，京东、淘宝、工商银行等都推出了网络询价平台，只有当事人议价、定向询价和网络询价不能或不成时，方可进行委托线下评估，进一步压缩了司法拍卖评估的业务量。

11.1.2.2　信息化水平较低

大部分房地产估价机构信息化水平较低，工作方式和管理水平与大数据时代的信息化水平相差较大。信息化平台使用效率较低，估价技术参数、影响因素等的设定与使用过多依据估价师的经验等，缺乏充分的数据支撑。信息沟通、共享无法高效传输和运作，急需提升信息化水平，确保信息化手段在房地产估价行业能够充分发挥其技术支撑作用。

11.1.2.3　综合性人才不足

人才作为房地产估价行业中不可或缺的关键要素，在房地产估价机构发展和业务拓展中发挥至关重要的作用。尤其是面对各种新、特、奇，且在技术上尚不成熟的新业务，以及现代化信息手段和大数据的应用，更需要具备综合技能的人才，评估专业人员除了拥有丰富的房地产估价专业知识之外，还需要掌握计算机、地理信息系统、建筑工程、物联网等多学科、多领域的知识和技能。

11.2　房地产估价行业发展趋势

11.2.1　房地产估价新业务不断涌现

传统房地产估价业务主要服务于金融机构和政府部门，金融机构和政府部门对估价机构也逐步提出新的服务需求，诸如抵押品价值监测、贷后批量评估、房产税税基评估，大型企业的投资价值咨询、经营管理咨询等，中估联行推出的不动产运营管理系统和投贷后信息化管理系统正是开展这类业务的前期探索。中央多次强调建立多主体供给、多渠道保障、租购并举的住房制度，房地产租赁市场房屋价值评估及房地产租赁房屋的市场租金评估将成为未来一个新的业务领域。中国证监会和住房城乡建设部联合发布《关于推进住房租赁资产证券化相关工作的通知》，鼓励住房租赁企业通过开展资产证券化将企业资产盘活，在这类企业融资过程中，将会产生资产价值评估业务。农村集体土地制度改革、集体农用地及集体建设用地基准地价的推进、农村土地交易市场的发展将会是一个新的业务爆发点。

11.2.2　大数据推进估价技术不断革新

大数据技术对房地产估价行业的技术革新可以认为是全方位的。随着互联网公司向估价行业的渗透，其相继开发了多种估价信息系统，诸如针对金融机构的询价系统、针对估价机构的自动估价信息系统，以及针对房地产查勘和房屋征收全流程管理的查勘系统和征收管理信息系统等。随着数据处理技术与房地产估价行业的深入融合，各类软件、功能模块在数量和质量上都在快速提升，在推进行业发展的同时，也带动相关产业的技术创新和技术提升。大数据技术依托于信息化平台的信息收集与传播功能及数据分析处理功能，可以容纳、分析、评估更大范围、更多数量的房地产估价数据，从而推动房地产估价行业的技术革新。一方面有助于房地产估价机构拓展业务范围，从传统的估价业务向房地产咨询业务转向；另一方面，有助于推动房地产估价行业对传统估价操作方式和估价技术的革新。

11.2.3　估价行业融合发展趋势越来越强

行业融合发展将成为必然趋势，房地产估价师资格、土地估价师资格合并为房地产估价师职业资格，将带动行业人员、业务、管理等方面的高度融合，与此同时，房地产估价除要面对行业自身的竞争之外，还要面临土地估价行业的挑战，这会对房地产估价行业带来新的压力，房地产估价要积极做好房地产估价和土地估价行业融合发展的技术准备。

11.3　房地产估价行业高质量发展的路径

房地产估价机构应深刻认识估价行业面临的新形势和新趋势，坚持底线思维，准确识变、科学应变、主动求变，在危机中育先机、于变局中开新局，推进房地产估价行业迈入高质量发展阶段。以高质量发展为主题，以深化供给侧结构性改革为主线，以提高估价服务质量为目标，统筹推进估价行业业务开拓、人才培养、智库建设、学术研究、行业自律、学术交流等各项工作，着力在理论研究、技术创新、人才培养等方面增强新优势，全力提升房地产估价行业服务地方经济社会发展的作用。

11.3.1 以机构提升拓展业务空间

抵押评估、司法鉴定评估和征收评估是房地产估价的三大传统业务，面对传统业务的激烈竞争和新业务开拓的困难，估价机构只有不断提升自身实力，才能在传统业务上保持稳固地位，在新业务领域赢得一席之地。房地产估价机构要不断推进由规模扩张向内涵提升转型，立足机构人才优势、技术优势和资源优势等，推进机构之间差异化、错位发展，综合实力强的企业向创新引领型综合性企业发展，综合实力弱的中小型企业向专业化方向发展。一方面，提升传统房地产估价业务的服务质量，强化征收评估、抵押评估、司法鉴定评估、二手房按揭评估等业务估价程序、估价技术、报告编写的规范性；健全估价质量控制制度和风险防范机制，规范收费标准，依法治理恶性竞争，提升服务品质和社会认可度。另一方面，面向国家重大发展战略、产业政策，服务于“一带一路”、乡村振兴和重大基础设施建设，有针对性地探索开展项目投资咨询、集体土地和房地产估价咨询、房地产租金评估甚至国际估价咨询业务等。尝试“新、奇、特”估价业务，开展不动产市场趋势分析、价值走势咨询服务，开展存量市场估价咨询服务，探索旅游地产、养老地产、工业地产、特色小镇等新型地产估价服务等，这都是房地产估价业务转型值得关注的领域。

11.3.2 以人才培养提升服务质量

房地产估价服务是专业性极强的知识密集型服务业，专业人员良好的技能和素质是提升估价服务质量的基本保障。房地产评估机构应高度重视评估专业人员队伍建设，制定人才培养方案，加强注册房地产估价师专业技术提升，通过入职教育、业务技能培训以及继续教育等方式提高专业素养。鼓励机构以“传、帮、带”“师徒授业”等方式加强新注册估价师、评估专业人员专业技能培训，培养他们的专业精神、创新意识、法律意识和自律意识。发挥资深估价师、估价总监在估价机构的专业技术带头人作用。培养具有扎实的估价理论与实践经验的青年人才。有实力的机构可探索尝试柔性引进高校院所相关专业的高级专业技术人员充实专业人员队伍。地方行业协会应不断完善继续教育体系，针对从业人员的知识储备和技术层次，组织不同层次与深度的教育培训；创新继续教育形式，通过线上录播、在线直播、线下集中培训、研讨会、经验交流会等多种培训形式，提升地方估价专业人员队伍的专业水平和整体素质。以技能提升和服务模式创新提升服务质量，探索房地产估价由阶段性服务向全流程服务转变，征收评估可拓展至资金匡算、方案制定、社会稳定性风险评估、征收人员培训、入户调查、征收评估、协议谈判、合同签订、拆迁动员、后期咨询等全过程服务，为客户提供一站式房地产估价及咨询服务。

11.3.3 以智库建设服务地方发展

以房地产估价专家队伍为主导，以房地产估价总监、估价师队伍等团队为支撑构建新型高端智库，提升房地产估价行业服务与地方经济社会发展的能力。立足专业优势，汇聚专业资深人员和专家队伍，建立专业化的学术研究交流平台和开放咨询服务平台，健全智库组织、运行机制和决策咨询管理制度，针对经济社会发展中急需解决的有关房地产估价的政策问题、技术问题开展跟踪调查和专题研究，开展有针对性、时效性的房地产估价理论、方法和技术研究以及专业咨询服务，产出具有科学性、建设性、前瞻性和可操作性的智库产品，服务于政府决策和社会经济建设。

11.3.4 以科技创新提升技术水平

一些有实力的房地产估价机构，可以考虑成立房地产估价理论与技术研究部门或研究中心，加强与高校、研究院所的交流与合作，大力发展“产、学、研、用”相结合、综合能力强的研究机构，并以适当、可持续的方式为房地产估价行业提供专业技术服务。估价机构要加强房地产估价理论方法研究，关注前沿问题、前沿需求，解决估价疑难问题，重点提高房地产估价应用技术水平，推进房地产估价技术水平提升。估价机构还要探索通过多种方式引进高层次人才，全面强化研究队伍建设；积极申报中国房地产估价师学会研究性课题，积极参与地方协会房地产估价经纪年度课题，加强科研成果产出；开展“互联网+大数据”形势下对估价行业服务的新需求、新机遇研究，根据网络询价需求的特点制定相关行业标准和数据标准。加强信息化和智能化建设，积极探索和推进智慧评估，由房地产估价师与经纪人协会牵头建立会员服务系统平台，加强房地产估价信息资源整合、宣传和推广。依托会员服务系统推进房地产估价机构日常监管、黑红名单、信用评价、信息共享等方面的管理信息化，形成建设目的和应用方向明确的特色信息化管理。

11.3.5 以自律建设维护行业发展环境

加强行业自律建设是维护行业良好环境的重要途径。房地产估价师与经纪人协会应主导制定行业行为规则、指引和自律公约，规范会员单位执业行为并进行监督和指导，受理会员申诉、调解会员执业纠纷。协会要加强对房地产估价报告质量的监管和标准建设，以理论为基础、以市场为导向、以标准促发展，估价机构更要在高于国家标准、行业标准的基础上制定企业内部标准。加强房地产估价从业人员从业规范建设，使经营行为的每一个环节都有章可循。各地也要从实际出发制定适宜的机构备案管理模式，逐步形成国家、省、市三级房地产估价自律管理体系；要完善行业信用评价标准体系与操作机制，引导估价机构加强内部管理、建立健全现代企业管理制度，提升企业的技术优势、人员优势、创新优势、管理优势和品牌优势。

在全国经济由高速增长向中高速增长和高质量发展转型的关键时期，

房地产估价机构要面向国家重大发展战略，研究新形势、发现新机遇、瞄准新业务爆发点，调整发展策略，创新发展模式，以高质量发展为目标、以服务客户需求为宗旨、以人才培养和技能提升为基础支撑、以理论和技术方法创新为手段，全面推进房地产估价行业高质量发展，更好地服务于地方经济和社会发展。

11.4 房地产估价行业新业务领域

11.4.1 租售同权发展趋势下租金评估

租售同权发展趋势下租金评估将成为一个新业务领域。早在 2017 年，广州市就印发了《广州市加快发展住房租赁市场工作方案的通知》，宣告广东在房地产市场上逐步开展租售同权的新发展模式。该政策的出台有两重意义：一是淡化购买住房的附加权益，还原住房的居住功能；二是提高了空余住房的租赁价值，刺激空余住房投向租赁市场的力度，发挥存量房的市场调节作用，使更多的城市空余住房得到有效流通利用。在这种政策背景下，房地产评估可能出现的业务机会点是在租售同权政策具体落实的前提下住房租赁价值的再评估。诸如，分析租房带来的享有子女就近入学权对租赁价格的刺激力度，如何把这一附加权益用租赁价格形式展现出来？外来子女平等受教育权的价值跟租赁价格之间存在的变动关系怎么量化？这些问题类同于学区房价值的分析，但是又有着权属性质的差别，需要进一步探索租售同权下的租赁价值与附加的子女教育权利的关联性。

11.4.2 REITs 的兴起与房地产估价行业

房地产投资信托基金（REITs）为房地产证券化的一种手段，是一种以发行收益凭证的方式汇集特定多数投资者的资金，由专门投资机构进行房地产投资经营管理，并将投资综合收益按比例分配给投资者的一种信托基金。简单来说，就是由基金公司向投资者募集资金，再投资于房地产行业，再将所获收益分配给投资者。REITs 一般可分为权益性和抵押性。虽然早在 1960 年，美国就已经出现了 REITs，但在国内，REITs 仍属于新型的融资手段。REITs 的出现不仅可以扩大开发商的融资渠道，还能帮助降低房地产金融系统风险，避免在过于单一的融资体系下银行利率政策调整对房地产市场产生过大的影响。从房地产投资信托基金物业评估咨询的角度来看，REITs 的兴起为房地产估价行业带来了新的挑战和机遇。房地产投资信托基金物业评估咨询是 REITs 的市场价值的基础来源，也是为投资者提供咨询意见的重要手段。

REITs 无疑为房地产估价行业开启了新的篇章，为房地产估价行业开拓了新的业务方向。房地产投资信托基金物业评估使房地产评估从传统的房地产价值评估转向了更深层的包括物业状况评价咨询、物业市场调研和物业价值评估咨询等多方面有机综合的专业研究，进一步扩大了服务的范围，其需求的高技术含量更有利于房地产估价行业的进步。REITs 项目有时候还会要求估价机构提供除评估外的其他中介服务，估价机构可利用政府、金融机构等其他业务渠道帮助拓展如估价对象权益状况调查、收益划分、可行性研究、项目评价、信托风险分析等多方位服务。

与传统估价业务相比，REITs 评估咨询服务是一项包括物业状况评价咨询、物业市场调研和物业价值评估咨询等多方面的综合性咨询服务。这要求评估专业人员除了具备扎实的估价专业理论知识外，还需要具备复合专业知识，比如经济法、税法、测绘、建筑工程、金融等方面的专业知识，要求评估专业人员综合素质较高。从行业发展角度分析，REITs 的兴起要求估价行业必须尽快建立对信托物业评估专业人员的培训体系。REITs 项目物业评估咨询与传统房地产估价相比，具有公开面向市场、直接影响多数投资者收益水平的特点，对估价机构服务质量要求相当高。估价机构必须对估价对象有比以往更深层次的了解和研究，收集更广泛且精准的数据，才能准确把握估价对象的市场动态，合理预测收益或价值，客观体现房地产投资信托基金的价值，真正为投资者提供有质量的咨询服务。

11.4.3 新供应模式下工业地价评估

为进一步完善差别化土地供应制度，促进土地节约集约利用，降低企业用地成本，不少地方出台了工业用地弹性出让实施办法。诸如，2017年，河南省人民政府办公厅印发《河南省工业用地弹性出让实施办法（试行）》（豫政办〔2017〕163号），提出在河南省行政区域内供应工业用地时可采取弹性年期出让、先租后让、租让结合、长期租赁等方式。广东省国土资源厅出台了《关于完善工业用地供应制度促进供给侧结构性改革的指导意见（试行）》，提出五项全新的政策体系，包括缩减工业用地出让期限和鼓励租赁工业用地，提出工业用地续期和转型利用政策，建立工业用地供后监管机制。对于估价机构来说，这一政策内涵丰富，可评估业务的内涵也较多，工业房地产可挖掘的业务潜力巨大。“只租不让、先租后让、租让结合、分期供应”，这些多元化出让租赁混合新方式，在评估土地出让价值或租赁价值时要先做合理区分。租赁状态的权益和出让状态的权益差异实际表现在哪些地方；对土地价值的影响程度；先租后让的设定条件是什么；租让结合，是如何结合的；租与让的权益比重如何分解。厘清这些问题，既需要国土部门出台具体办法，也要我们在合法原则下做最高最佳技术分析，把模糊的地方做出合理的假设，估价的同时也要注意把执业风险降到可控范围内。

11.4.4 房地产大数据衍生的新业务

房地产估价信息数据库的建设、数据挖掘和分析将会带来一些新型业务，推进房地产估价机构由单纯的估价机构向评估咨询综合性服务机构转型。海量存量房价数据的存储和更新可以进行房地产价格水平预测，可通过与历史数据对比建立房地产价格指数体系，为政府部门房地产市场管理提供数据支持。抵押品数据的处理和系统化存储与管理，可实现对抵押品价值的动态监测和统计分析，满足金融机构对抵押品价值监测和贷后批量复评业务的需求。在大数据支持下，估价机构还将代理一系列的咨询类业务，包括为政府提供土地规划和评价服务，为开发企业提供土地开发前期研究和顾问服务，为房地产开发企业提供开发前期可行性研究，为企业和个人投资提供房地产投资价值咨询，为物业管理、房地产托管、资产管理机构提供房地产经营管理咨询服务等。

11.4.5 各种新、奇、特房地产估价业务

新、奇、特房地产估价业务是估价业务的转型，区别于传统估价业务，新、奇、特估价业务没有固定模板，估价人员需要学习更多领域的知识，或跨学科作业，要善于运用不断革新的信息技术，在不断累积的数据基础上，监测并推敲各类房地产物业未来价值的发展趋势，不仅提供估价服务，还提供房地产价值发展趋势的咨询服务。诸如，利用估价系统对房地产定量分析，提供市场趋势咨询。针对房地产市场变化，运用估价系统，通过记录不同类型、不同时期的房地产租金及售价情况，结合估价系统数据与经济形势，进行定量分析及趋势预测，为客户提供不同类型房地产未来价值走势咨询、新型地产价值评估与咨询服务。新型地产是区别于传统的、增长乏力的地产业态，是有较大发展潜力和增长空间的地产业态，包括产业地产、主题地产、旅游地产、养老地产、工业地产、复合地产、特色小镇、只租不售的长租地产等，新型地产为房地产估价业务转型提供了契机。城市更新中的房地产估价业务。城市更新阶段的中小型项目，项目周期相对短，一般仅通过物业内部的装修改造来提升价值；中型更新项目则是通过调整物业的初始规划和使用属性来提升价值，如旧厂房改运动场所，旧商场改办公楼，旧办公楼改长租公寓等。盘活、改造、运营存量房地产，在运用房地产估价专业知识的同时，也涉及土地规划、城市更新等领域的知识，跨领域合作是房地产估价业务转型所需要的助力。

参考文献

［1］ 艾建国，吴群.不动产估价［M］.北京：中国农业出版社，2008.

［2］ 白蕾.土地估价原则对各评估方法的适用性研究［J］.现代经济信息，2015（15）：383.

［3］ 包善驹，陆林.合肥主城区住宅剖面线型地价的比较与成因分析［J］.地理科学，2015，35（2）：197–203.

［4］ 财政部　国家税务总局关于进一步明确全面推开营改增试点有关劳务派遣服务收费　公路通行费抵扣等政策的通知［EB/OL］.［2016-11-29］.http：//www.mof.gov.cn/gkml/caizhengwengao/wg2016/wg201607/201611/t20161129_2469121.htm.

［5］ 蔡剑红，朱道林.土地估价中收益还原法的误差传播［J］.测绘科学，2014，39（1）：117–120.

［6］ 曹峰，鲁丰先.房地产估价中市场比较法的改进与应用［J］.廊坊师范学院学报（自然科学版），2009，9（2）：84–88.

［7］ 曹乾松.标定地价修正体系表的编制［J］.中国土地科学，1993，7（1）：41–43.

［8］ 曹天邦，黄克龙，李剑波，等.南京市主城区住宅地价的时空演变［J］.地理研究，2012，31（6）：1029–1038.

［9］ 柴强.房地产估价理论与方法［M］.北京：中国建筑工业出版社，2022.

［10］ 陈浮，周峰，濮励杰，等.城市宗地地价评估的人工神经网络模型研究——以南京市土地交易为例［J］.南京大学学报（自然科学

版），1999（3）：118–124.
［11］陈怀录，刘兰涛，蒲欣冬．城市规划与城市土地价格关系研究——以兰州市为例［J］．甘肃科技，2012，28（24）：36–40.
［12］陈杰雷．房地产估价咨询信息数据库的研究与设计［C］．中国房地产估价师与房地产经纪人学会2012年年会——市场变动与估价、经纪行业持续发展论文集，2012：268–273.
［13］陈岚风，汤江龙，尧羽菲．区域标定地价的建设及其关键问题研究［J］．国土资源情报，2021（12）：86–93.
［14］陈了．不动产估价中市场比较法实务改进分析——以土地估价为例［J］．长沙大学学报，2021，35（5）：50–57.
［15］陈蕾．南昌市中心城区住宅用途标定地价研究［D］．南昌：江西农业大学，2020.
［16］陈露露．土地估价中市场比较方法的改进研究［D］．北京：北京交通大学，2011.
［17］陈美潼．沈阳居民住宅二手房价影响因素分析［J］．北方经贸，2019（6）：54–56.
［18］陈圻．关于收益还原法中收益与利率的界定问题［J］．审计与经济研究，2000（1）：37–38.
［19］陈细辉，陈少华．对抵押贷款评估中价值类型的认识［J］．中国资产评估，200（1）：22–25.
［20］陈燕．浅议工业用地价格评估方法及影响因素［J］．现代经济信息，2010（1）：154.
［21］陈越．标定地价评估的标准宗地布设方法研究——以唐山市为例［J］．中国国土资源经济，2016，29（5）：62–65.
［22］陈志鹏，郭熙，赵丽红，等．基于BP神经网络模型的住宅用地地价评估研究——以南昌市主城区为例［J］．江西科学，2020，38（4）：504–509，536.
［23］陈向东，张玲燕．划拨土地使用权补办出让评估的完善［J］．中国

土地，2020（4）：45–47.

［24］陈惠．划拨土地的价值构成及其估价方法研究［J］．时代金融，2015（11）：369+373.

［25］陈晨．房地产估价市场比较法的改进研究［D］．青岛：青岛理工大学，2018.

［26］褚英敏．城市标定地价评估探讨［D］．石家庄：河北师范大学，2003.

［27］大数据战略重点实验室．大数据概念与发展［J］．中国科技术语，2017，19（4）：43–50.

［28］丁金礼．房地产市场变化与估价基础数据库建设［C］．中国房地产估价师与房地产经纪人学会2012年年会——市场变动与估价、经纪行业持续发展论文集，2012：30–35.

［29］丁金礼．收益法的理论缺陷与改进方法［J］．房地产评估，2002（6）：9–12.

［30］董坤杰．基于特征价格模型的郑州市住宅价值评估研究［D］．石河子：石河子大学，2017.

［31］董启国，曹天邦，晏雪飞．基于GIS的城市地价评估信息系统研究与应用［J］．江苏科技信息，2018，35（11）：72–76.

［32］董冠鹏，张文忠，武文杰，等．北京城市住宅土地市场空间异质性模拟与预测［J］．地理学报，2011，66（6）：750–760.

［33］杜建国，彭萍，郑前进．关于房地产估价数据信息开发利用的初探［C］．中国房地产估价师与房地产经纪人学会2011年年会论文集，2011：172–179.

［34］尔敦，周瑞平．成本逼近法在土地评估中的应用探讨［J］．西部资源，2015（6）：16–18.

［35］方巍，郑玉，徐江．大数据：概念、技术及应用研究综述［J］．南京信息工程大学学报（自然科学版），2014，6（5）：405–419.

［36］冯长春，李维瑄，赵蕃蕃．轨道交通对其沿线商品住宅价格的影响分析——以北京地铁5号线为例［J］．地理学报，2011，66（8）：

1055–1062.
［37］高邦怀，高帮胜，李扣芹，等.浅谈收益还原法在土地估价实践中的应用［J］.科技经济市场，2008（4）：95–96.
［38］高帮胜，李扣芹，高邦怀，等.常用的几种土地估价方法的应用比较［J］.科技资讯，2008（16）：68.
［39］高珊珊.城镇国有建设用地使用权估价案例研究［D］.天津：天津商业大学，2014.
［40］谷晓玉，王卫安.基于GIS技术的房地产估价系统［J］.微型电脑应用，2003（10）：28–30，3.
［41］谷一桢，郑思齐.轨道交通对住宅价格和土地开发强度的影响——以北京市13号线为例［J］.地理学报，2010，65（2）：213–223.
［42］郭斌，姬海君.收益还原法中纯收益的确定［J］.西安建筑科技大学学报（自然科学版），1999（4）：366–368，372.
［43］国家税务总局.房地产开发企业销售自行开发的房地产项目增值税征收管理暂行办法［EB/OL］.［2016–06–27］.http：//www.chinatax.gov.cn/n810341/n810765/n1990035/n1990077/c2193460/content.html.
［44］杭太元.集体建设用地基准地价评估体系的构建［J］.产业与科技论坛，2016，15（13）：216–218.
［45］郝丽丽.假设开发法评估土地价格应用理论与分析［J］.长沙铁道学院学报（社会科学版），2013，14（2）：26–27.
［46］胡驰强，胡石元，唐旭，等.样本稀疏情景下的县域乡镇基准地价评估方法［J］.湖北民族学院学报（自然科学版），2016，34（1）：93–98，117.
［47］胡存智.土地估价理论与方法［M］.北京：地址出版社，2006.
［48］黄丽云，刘军.估价执业风险内部因素的成因及防范［C］.中国房地产估价师与房地产经纪人学会2012年年会——市场变动与估价、经纪行业持续发展论文集，2012：340–345.
［49］黄贤金，吴群，吴克宁，等.不动产估价［M］.北京：中国林业出

版社，1998.
［50］黄凯华．房地产估价中市场比较法的改进——以长沙市湘江世纪城住宅为例［D］．长沙：湖南农业大学，2020.
［51］季伟根．关于划拨土地使用权权益价格评估的探讨［J］．管理观察，2015（12）：152–154.
［52］贾生华，温海珍．房地产特征价格模型的理论发展及其应用［J］．外国经济与管理，2004（5）：42–44，49.
［53］江晓忠．基于 GIS 的上杭县城区地价动态监测［D］．福州：福建农林大学，2002.
［54］姜增伟．商业地产价格影响因素分析［J］．商业文化（学术版），2009（5）：84.
［55］蒋雪松．浅议土地估价原则对各评估方法的适用性［J］．现代经济信息，2014（19）：401–402.
［56］蒋树立，张建明．土地使用权抵押贷款的 18 个风险点［J］．中国农村金融，2012（3）：33–35.
［57］景亚平，谭敬胜．房地产估价信息系统的研究［J］．长春工程学院学报（社会科学版），2001（2）：20–23.
［58］敬松．基准地价修正系数土地估价方法若干问题新探［J］．重庆工业管理学院学报，1997（3）：75–77.
［59］康鹏．土地评估中市场比较法的改进与应用研究［D］．武汉：武汉工程大学，2016.
［60］李琛，翟玉金．国有土地使用权抵押贷款风险及防控［J］．农业发展与金融，2013（8）：75–77.
［61］李国安．投资回报率模型及其在开发区基准地价评估及验收中的应用［J］．中国土地科学，1995（5）：6–10.
［62］李恒凯．基于 GIS 的市场比较法房地产估价模型及其应用研究［D］．赣州：江西理工大学，2009.
［63］李卉欣．运用收益还原法评估土地价格探讨［J］．现代商贸工业，

2009，21（6）：153–154.

［64］李晶．大数据在房地产领域的发展综述［J］．河南财政税务高等专科学校学报，2020，34（3）：60–64.

［65］李俊岭，孟德友．成套住宅实地查勘的主要内容及价格因素评定标准［J］．中国房地产估价与经纪，2014，（3）：2014：54–59.

［66］李扣芹，高邦怀，高帮胜，等．浅谈市场比较法在土地估价实践中的应用［J］．市场周刊（理论研究），2008（4）：97–98.

［67］李玲，朱道林，胡克林．北京市城区住宅地价的时空变化规律［J］．经济地理，2011，31（4）：655–659.

［68］李铃．论“收益还原法”及其应用［J］．中国土地科学，1995（2）：13–16.

［69］李琴，任福，张玉茜，等．深圳市住宅用地价格影响因素空间差异化规律分析［J］．地理信息世界，2017，24（1）：37–44.

［70］李树林．对收益还原法相关理论的研究［J］．房地产评估，1999（3）：12–18.

［71］李祥，高波，王维娜．公共服务资本化与房价租金背离——基于南京市微观数据的实证研究［J］．经济评论，2012（5）：78–88.

［72］李颖丽，刘勇，刘秀华．重庆市主城区住房价格影响因子的空间异质性［J］．资源科学，2017，39（2）：335–345.

［73］李玉华，高明，许汀汀，等．基于 ArcEngine 的城镇土地定级估价信息系统设计与实现［J］．中国土地科学，2015，29（1）：92–97.

［74］李玉英．应用神经网络预测地价的探讨［J］．中国土地科学，1998，12（3）：37–41.

［75］李悦，李远和，张驰．基于 DEM 的武汉市住房价格与基准地价空间分布差异分析［J］．当代经济，2017（4）：36–39.

［76］李真．模糊数学在房地产评估市场比较法中的应用研究［D］．武汉：武汉大学，2005.

［77］李琴，任福，张玉茜，等．深圳市住宅用地价格影响因素空间差异

化规律分析［J］. 地理信息世界，2017，24（1）：37–44.
［78］廖凤. 土地估价的几种基本方法的探析［J］. 山东纺织经济，2013（1）：100–102.
［79］廖凯儿，汤江龙. 小城镇基准地价更新及问题研究［J］. 湖北民族学院学报（自然科学版），2017，35（1）：111–113，120.
［80］廖稀哲，韩友贵. 居住房地产估价的区位因素分析［J］. 农家之友（理论版），2008（6）：106–108.
［81］林英彦. 不动产估价（第九版）［M］. 台北：文笙书局，2000.
［82］刘红雷. 基于改进市场法的土地使用权价值评估研究［D］. 北京：中国矿业大学，2020.
［83］刘洪玉，李妍. 基于模糊数学的房地产批量评估［J］. 清华大学学报（自然科学版），2017，57（11）：1202–1206.
［84］刘茜茜，刘畅，王远. 房地产区位价值影响因素分析［J］. 沈阳建筑大学学报（社会科学版），2011，13（3）：296–298.
［85］刘素丽. 模糊数学理论在市场比较法中应用的研究［D］. 武汉：华中农业大学，2006.
［86］刘兴权，苏丹妮. WebGIS 及其在房地产估价中的应用展望［J］. 四川测绘，2004（3）：119–122.
［87］刘义，陈英，白志远，等. 城镇基准地价评估相关问题探讨——以甘肃省甘谷县为例［J］. 中国农学通报，2014，30（17）：62–68.
［88］刘志刚，张建坤. 估价中城市土地的区位因素［J］. 江苏建筑，2008（4）：72–74.
［89］刘学红. 收益法在房地产估价中的应用与改进研究［J］. 住宅与房地产，2020（1）：6–7.
［90］娄俊启. 出让国有土地使用权中成本逼近法测算地价应用探讨［J］. 吉林农业，2014（12）：7.
［91］吕萍，甄辉. 基于 GWR 模型的北京市住宅用地价格影响因素及其空间规律研究［J］. 经济地理，2010，30（3）：472–478.

[92] 马金凤，于婧，吴飞，等．基于 ArcGIS 的住宅用地基准地价空间变化分析——以鄂州市城区为例［J］．湖北大学学报（自然科学版），2015，37（1）：48–54.

[93] 马小军．土地抵押评估常见问题及建议［J］．中国资产评估，2010（2）：37–40.

[94] 美国估价学会．不动产估价中文简体版［M］．不动产估价翻译委员会，译．北京：地质出版社，2001.

[95] 米炜．探究二手房房价的影响因素［D］．武汉：华中师范大学，2018.

[96] 莫天全．中国房地产市场分析及大数据应用［J］．中国房地产估价与经纪，2013（6）：18–22.

[97] 倪绍祥，王玲霞．城市土地综合基准地价评估方法探讨［J］．地理研究，1994（4）：36–42.

[98] 彭新育，吴甫成．土地价格和享乐评价方法［J］．经济地理，1998（3）：14–19.

[99] 邵黎霞．基于 ANNGIS 预测地价的探讨［J］．测绘通报，2000（7）：4–6.

[100] 沈国兵，徐源晗，袁征宇．新冠疫情全球蔓延对我国就业的影响及机制分析［J］．经济问题探索，2021（12）：1–12.

[101] 沈志刚，陈晖，岳倩倩．基于大数据的房地产市场监测系统设计与实现［J］．中国房地产，2022（1）：50–57.

[102] 申玲．基于 BP 神经网络的房地产市场比较法价格评估［J］．系统工程理论与实践，1998（5）：52–55.

[103] 石青海．土地抵押评估常见问题及建议［J］．技术与市场，2011，18（4）：101–102.

[104] 石英华．土地开发费是否应计入土地价格问题的探讨［J］．中国资产评估，1998（6）：22–23.

[105] 宋鸿良．运用均质地域原理建立标准宗地体系的研究［J］．中国土地科学，1998（5）：26–29.

[106] 宋伟轩，马雨竹，陈艳如．南京城区住宅售租价格时空分异与影响因素［J］．地理科学进展，2018，37（9）：1268-1276.

[107] 宋伟轩，毛宁，陈培阳，等．基于住宅价格视角的居住分异耦合机制与时空特征——以南京为例［J］．地理学报，2017，72（4）：589-602.

[108] 苏蕾蕾．房地产估价中成本法的改进研究［D］．武汉：武汉理工大学，2014.

[109] 隋雪艳，吴巍，周生路，等．都市新区住宅地价空间异质性驱动因素研究——基于空间扩展模型和 GWR 模型的对比［J］．地理科学，2015，35（6）：683-689.

[110] 孙倩，汤放华．基于空间扩展模型和地理加权回归模型的城市住房价格空间分异比较［J］．地理研究，2015，34（7）：1343-1351.

[111] 孙月明．剩余法在国有土地使用权出让地价评估中的应用研究——以深圳市待开发土地估价项目为例［J］．广东土地科学，2016（5）：35-39.

[112] 孙以洲，张文峰．抵押评估中价值类型的选择［J］．中国资产评估，2008（5）：22-27.

[113] 汤庆园，徐伟，艾福利．基于地理加权回归的上海市房价空间分异及其影响因子研究［J］．经济地理，2012，32（2）：52-58.

[114] 唐莹．假设开发法下土地增值税测算扣减问题剖析［J］．财会月刊，2017（1）：112-114.

[115] 田浩．基于 ArcGIS 的房地产估价空间决策支持系统的研究［D］．哈尔滨：哈尔滨工业大学，2007.

[116] 田晶晶．基于 GIS 技术下城镇土地定级估价的实证分析——以淇县商业服务用地为例［J］．现代商贸工业，2017（12）：102-104.

[117] 汤国安，赵牡丹，杨昕，等．地理信息系统［M］.2 版．北京：科学出版社，2010.

[118] 汤庆园，徐伟，艾福利．基于地理加权回归的上海市房价空间分异

及其影响因子研究［J］. 经济地理，2012，32（2）：52–58.
［119］万俊，关河. 模糊数据在城市地价评估中的应用［J］. 哈尔滨建筑大学学报，1995，28（6）：108–114.
［120］汪灏，蒋骏文. 房地产估价实地查勘要点［J］. 中国房地产估价与经纪，2013（1）：31–34，37.
［121］王宝铭. 利用地租还原法评估城市地价的原理探讨［J］. 城市，1997（3）：24–28.
［122］王成元. GIS 技术在房地产估价中的应用研究［D］. 赣州：江西理工大学，2013.
［123］王洪昌. 抵押评估究竟采用什么价值类型［J］. 中国资产评估，2008（1）：25–26.
［124］王明珠. 抵押贷款评估中应明确的问题［J］. 中国资产评估，2008（1）：17–19.
［125］王森林. GIS 支持下的房地产估价方法及估价系统研究［D］. 昆明：昆明理工大学，2005.
［126］王蔚. 从土地价格的形成看土地价格的评估［J］. 中国房地产，1996（12）：39–42.
［127］王喜，陈常优. 不动产估价［M］. 北京：科学出版社，2015.
［128］王学瓅，魏威. 对土地的估价方法及其理论研究［J］. 绿色财会，2011（5）：3–5.
［129］王洋，李强，王少剑，等. 扬州市住宅价格空间分异的影响因素与驱动机制［J］. 地理科学进展，2014，33（3）：375–388.
［130］王占岐，杨俊，余强. 小城镇群基准地价评估研究［J］. 中国土地科学，2014，28（8）：72–79.
［131］王筑. 收益还原法在土地估价中的应用［J］. 贵阳学院学报（自然科学版），2010，5（1）：52–54.
［132］温海珍，李旭宁，张凌. 城市景观对住宅价格的影响——以杭州市为例［J］. 地理研究，2012，31（10）：1806–1814.

[133] 吴次芳，许红卫，唐根年．城市零售商业用地的区位评价方法及其应用［J］．城市规划汇刊，1995（1）：51–54，66.

[134] 吴宇哲，吴次芳．基于 Kriging 技术的城市基准地价评估研究［J］．经济地理，2001（5）：584–588.

[135] 肖飞，刘文超，郭文华，等．基于大数据的房地产分析与决策支持系统设计与实现［J］．国土资源信息化，2021（3）：34–39.

[136] 新浪科技．大数据时代来临：国内 IT 企业布局已然落后［EB/OL］．（2012–06–01）［2012–06–01］．https：//tech.sina.com.cn/it/2012–06–01/00067200478.shtml.

[137] 许宪春，常子豪，唐雅．从统计数据看新冠肺炎疫情对中国经济的影响［J］．经济学动态，2020（5）：41–51.

[138] 严金海．土地抵押、银行信贷与金融风险：理论、实现与政策分析［J］．中国土地科学，2007，21（1）：17–23.

[139] 严思齐，刘红，胡立兵，等．住宅用地价格微观影响因素的定量研究——以南京市为例［J］．国土资源科技管理，2011，28（4）：7–14.

[140] 杨海娟，高二龙，赵新正，等．西安市商品住宅价格空间格局的演化研究［J］．测绘科学，2017，42（3）：86–92，102.

[141] 杨建波，李永明，梁辉，等．集体建设用地基准地价评估体系框架构建［J］．中国国土资源经济，2013，26（6）：69–72.

[142] 杨黎萌，刘开第．BP 神经网络在房地产估价中的应用［J］．河北建筑科技学院学报，2004（2）：105–109.

[143] 杨瑞星．成本逼近法评估土地价格应用理论与分析［J］．陕西农业科学，2016，62（2）：97–100.

[144] 杨志飞．回归分析法在市场比较法中的应用［J］．中国房地产估价师，1999（1）：18–19.

[145] 叶剑平，曲卫东．不动产估价（第二版）［M］．北京：中国人民大学出版社，2016.

[146] 虞晓芬．不动产估价［M］．北京：高等教育出版社，2010.

[147] 岳大鹏.商业用地基准地价评估研究[J].陕西师范大学学报(自然科学版),1999(2):120-123.
[148] 曾晖,杨平,朱建君.城市住宅价格影响因素的空间非平稳性分析[J].湖南大学学报(自然科学版),2012,39(5):88-92.
[149] 张芬,张裕凤.经济发展对土地价格的影响——以内蒙古自治区部分盟(市)中心城市为例[J].西部资源,2012(4):186-188.
[150] 张鸿辉,曾永年,金晓斌.南京市城市地价空间自相关分析[J].南京大学学报(自然科学版),2009,45(6):821-830.
[151] 张少尧,宋雪茜,邓伟.空间功能视角下的公共服务对房价的影响——以成都市为例[J].地理科学进展,2017,36(8):995-1005.
[152] 张威.灰色理论和模糊集在房地产估价中的综合应用研究[D].合肥:合肥工业大学,2006.
[153] 张显胜,李铃,王华波.标准地地价评估方法探讨[J].中国土地科学,1995(2):22-25.
[154] 张协奎,陈伟清,成文山,等.基于模糊数学的市场比较法研究[J].中国管理科学,2001(3):38-43.
[155] 张协奎,李树丞,成文山.中外房地产估价发展述评[J].房地产评估,1999(12):14-19,22.
[156] 张延辉,姜亚莉.GIS 技术在房地产估价中的实践与应用[J].北京测绘,2011(2):46-47,23.
[157] 张欢.房地产估价中市场比较法的改进及应用研究[D].石家庄:河北经贸大学,2014.
[158] 赵松,姜栋.基于 GIS 开发房地产估价信息系统的设想[J].中国土地科学,1999(4):39-42.
[159] 赵耀文.城市商业用地出让估价的神经网络方法[J].数量经济技术经济研究,1999(5):40-43.
[160] 郑斌,刘彦.浅忆成本逼近法中地价的构成要素[J].房地产评估,

1999（8）.
［161］郑云有，周国华 . 关于城镇工业用地基准地价评估的研究——以株洲市为例［J］. 经济地理，2001（1）：4–6.
［162］中国房地产估价师与房地产经纪人学会 . 房地产基本制度与政策［M］. 北京：中国建筑工业出版社，2017.
［163］中国房地产估价师与房地产经纪人学会 . 房地产开发经营与管理［M］. 北京：中国建筑工业出版社，2013.
［164］中国房地产估价师与房地产经纪人学会 . 房地产估价理论与方法［M］. 北京：中国建筑工业出版社，2013.
［165］中国房地产估价师与房地产经纪人学会 . 房地产估价案例与分析［M］. 北京：中国建筑工业出版社，2015.
［166］中国房地产估价师与房地产经纪人学会 . 房地产估价理论与方法［M］. 北京：中国建筑工业出版社，2017.
［167］中华人民共和国国家标准 . GB/T 50899—2013 房地产估价基本术语标准［S］. 中国建筑工业出版社，2013.
［168］中华人民共和国国家标准 . GB/T 50291—2015 房地产估价规范［S］. 中国建筑工业出版社，2015.
［169］中华人民共和国国土资源行业标准 . TD/T 1052—2017 标定地价规程［S］. 北京：中国标准出版社，2017.
［170］钟帅 . 城市土地价格影响因素分析——基于全国 35 个大中城市的面板数据研究［J］. 经济研究导刊，2011（3）：141–142.
［171］周春喜 . 基于模糊数学的房地产市场法价格评估［J］. 中国资产评估，2004（5）：25–27.
［172］周刚华 . 城市土地价格的微观影响因素及其实证研究［D］. 杭州：浙江大学，2004.
［173］周小萍，毕继业，王军艳 . 不动产估价［M］. 北京：北京师范大学出版社，2008.
［174］周志良，张晓实 . 房地产估价数据信息整合利用［C］. 中国房地产

估价师与房地产经纪人学会2011年年会论文集，2011：167–171.
［175］朱道林．不动产估价［M］．北京：中国农业大学出版社，2017.
［176］朱海银．如何更好地运用剩余法进行土地评估［J］．内蒙古科技与经济，2010（20）：72–73.
［177］朱武祥，张平，李鹏飞，等．疫情冲击下中小微企业困境与政策效率提升——基于两次全国问卷调查的分析［J］．管理世界，2020，36（4）：13–26.
［178］朱晓刚．新开发土地成本法估价问题研究［J］．价格理论与实践，2013（3）：58–59.
［179］朱晓刚．房地产评估收益法评估改进研究［J］．建筑经济，2021，42（9）：62–66.

重要术语索引表

S

T

X

Y

Z